Peter Norden

DAS RECHT DER FRAU AUF ZWEI MÄNNER

PETER NORDEN

Das Recht der Frau auf zwei Männer

VERLAG R. S. SCHULZ

8136 Percha am Starnberger See, Berger Straße 8 bis 10
8136 Kempfenhausen am Starnberger See, Seehang 4

Umschlagentwurf: Typobild Günter Becker
ISBN 3-7962-0055-9

Inhaltsverzeichnis

An erster Stelle möchte ich den achtzig Frauen danken, die in aufgeschlossener und liebenswerter Weise bereit waren, ohne falsche Scham und Hemmungen über ihr Leben zu berichten. Nicht alle Interviews konnten aufgenommen werden, aber ich habe versucht, die Schicksalslinien mehrerer meiner Gesprächspartnerinnen zusammenzuführen, da, wo sie weitgehend identisch waren. Vereinbarungsgemäß habe ich Namen und Orte verändert, denn sie sind für diese Untersuchung ohne Bedeutung gewesen.
Weiter habe ich mich bei Rolf S. Schulz — dem Verleger des Buches — zu bedanken, daß er es mir ohne Eingriff in das Manuskript ermöglicht hat, diesen freien und offenen Report zu schreiben. Möglicherweise wird er Ärger damit haben, denn vieles, was geschrieben wurde, wird das Mißfallen rückständiger und vielleicht zu konservativer Männer wecken. Mit einem Proteststurm ist zu rechnen. So danke ich dem Verleger für seinen Mut, diese Meinung — die auf gründlichen Untersuchungen basiert — ungekürzt zu publizieren.
Wesentliche Hilfe bei meiner Arbeit und den Recherchen verdanke ich einem bekannten Journalisten, der insbesondere den historischen und medizinischen Teil mitbearbeiten half. Juristischen Rat fand ich bei meinem langjährigen Freund und Anwalt Reiner Walch, brauchbares

Gesetzesmaterial stellten mir die beiden jungen, emanzipierten Anwälte Juliane Emmerich und Monika Groner zur Verfügung.
Dem Leser dieses Buches danke ich schon im voraus dafür, daß er die oft komplizierten Vorgänge und Zusammenhänge, die so vielschichtig wie unser Leben sind, aufzunehmen bereit ist. Vieles wird auf Kritik stoßen und ich bin jeder Anregung gegenüber aufgeschlossen. Für jeden Brief bedanke ich mich schon heute, sei er pro oder kontra.

München, den 1. August 1974 Peter Norden

Das Recht der Frau

Willy Brandt hat — noch als Bundeskanzler — dem Präsidenten des Deutschen Bundestages am 1. Juni 1973 einen von der Bundesregierung beschlossenen Entwurf eines Ersten Gesetzes zur Reform des Ehe- und Familienrechtes zugeleitet, mit der Bitte, die Beschlußfassung des Deutschen Bundestages herbeizuführen.

In der Drucksache 7/650 des Deutschen Bundestages wird im Rahmen der Zielsetzung dabei ausdrücklich festgestellt:

> „Im geltenden Ehe- und Familienrecht, insbesondere im Bereich der persönlichen Ehewirkungen, ist die Gleichberechtigung der Frau noch nicht voll verwirklicht!"

Richtig!
Es ist Zeit, daß dieser Grundsatz, der nicht mehr ist, als eine Feststellung jahrhundertealter Tatsachen, endlich reguliert wird.
Unsere Leistungs- und Industriegesellschaft hat die Frau in eine neue menschliche Situation gestellt, die von ihr das gleiche Maß an Leistung und ein noch größeres Maß an Familiensinn fordert als vom Mann. Aber in der Frage der sexuellen Bindungen und Verbindungen hat die Frau in Deutschland noch immer den kürzeren gezogen.

Von Kirche und Staat propagierte moral-ethische Vorstellungen über das Verhalten und die Pflicht der Frau dem Manne und der Familie gegenüber haben sie in ein Korsett gezwängt, aus dem sie sich nur schwer freimachen kann. Damit ist jetzt Schluß. Die Frau hat das Recht, ihre Gefühle und ihr Verhalten nicht nur denen des Mannes gleichwertig anzupassen, sondern auch die Konsequenzen daraus zu ziehen.
Wenn unsere Gesellschaft also stillschweigend dem Manne zwei Frauen zubilligt — und das tut sie —, dann hat auch die Frau das Recht auf zwei Männer!
Zumindest für den Mann mag das eine schockierende Tatsache sein, eine neue Erkenntnis, die es erst zu verdauen gilt, ein Zustand, an den er sich gewöhnen muß. Dem Manne ist zu empfehlen, sich schnell auf diese neue Situation einzustellen, sonst werden ihm die Frauen in überschaubarer Zeit nicht nur ebenbürtig zur Seite stehen, sondern ihm „über den Kopf" wachsen.
Warum?
Noch ist die Frau gezwungen, sich ihrer Umwelt anzupassen. Die Verwandten, die Freunde, die Nachbarn haben sie laufend unter Kontrolle. Jeder ihrer Schritte wird einer unerbittlichen Kritik unterzogen. Beim kleinsten Schritt „vom Wege" wird sie mit Vorwürfen überhäuft, ihr Verhalten gerügt, die „Folgen" in den drastischsten Farben negativ geschildert — kurz: es hagelt Belehrungen über Sitte und Anstand, über Pflicht und Verantwortung sich selbst und der Familie gegenüber. Der „Schritt vom Wege" ist — so sagen die Neunmalklugen und Besserwisser — moralisch zu verdammen.

Andererseits verdammt niemand die Doppelbelastung der Frau, wie sie ihr von unserer Leistungsgesellschaft aufgezwungen wird. Jeder betrachtet es als selbstverständlich, daß die Frau arbeitet, dem gleichen Streß unterworfen ist wie der Mann, und jeder findet auch nichts dabei, daß die moderne Frau heute wesentlichen Anteil am Gesamtverdienst der Familie hat. Im Gegenteil, ihr zusätzliches Einkommen, das Geld, das sie nach Hause bringt, wird als willkommene Entlastung des Haushaltes angesehen, ermöglicht einen höheren Lebensstandard, eine bessere Erziehung der Kinder, mehr individuelle Freiheit der Familie und größere Sicherheit.

Dies aber ist ausschließlich und alleine das Verdienst der Frau, die bereit ist, diesen Vorgang zu akzeptieren und ihren Teil zu diesen Zielen beizutragen.

Dabei gerät nur allzuoft scheinbar Selbstverständliches aus dem direkten Blickfeld. Denn die arbeitende Frau ist ja in fünfzig von hundert Fällen verheiratet, hat einen Haushalt und oft noch Kinder zu versorgen. Wer denkt schon daran? Der arbeitende Mann? In den wenigsten Fällen. Für ihn steht fest, daß die Frau sich darum kümmert, daß der Haushalt funktioniert, daß Sauberkeit und Ordnung herrschen, daß alles geputzt ist, die Wäsche gewaschen ist, seine Knöpfe am Oberhemd akkurat angenäht sind, die Kinder versorgt werden, das Essen pünktlich auf den Tisch kommt, Schularbeiten überwacht werden, der Hausputz durchgeführt wird und Reserven angelegt werden, der Einkauf ist Sache der Fau, so wie das Bezahlen der Miete und all der vielen Kleinigkeiten, die auf den normalen Haushalt zukommen.

Eine Ausnahme bildet vielleicht das Auto, dessen Tank und Reparaturen seine Sache sind. Noch sind Autos Männersache. Nur dann nicht mehr, wenn es darum geht, sie abzuzahlen und sauberzuhalten. Da darf die Frau wieder ins Geschirr, darf fummeln und wischen, damit das Zeichen männlicher Herrlichkeit für das Weekend wieder auf Hochglanz ist. Schließlich nimmt er die Frau ja auch jeden Morgen gnädig mit in die Stadt, damit sie dort die Brötchen verdienen kann, die zu diesem Standard notwendig sind.

So gesteht der Mann der Frau das Leben einer Arbeitsbiene zu, die durch Fleiß und Umsicht, durch Organisationstalent und harte Leistung die Voraussetzungen dafür schafft, was man Anerkennung und Ansehen nennt und insgeheim klopft er sich selbst bewundernd auf die Schulter, daß *er* das alles so fein „gemanagt" hat.

Natürlich geizt er in den ersten Jahren nicht mit anerkennenden Worten, aber das läßt nach, je stärker der Wunsch nach dem „noch mehr" wird. Dann läßt er die Maske fallen, wird zum Einpeitscher und Sklaventreiber, von dem mehr Tadel als Lob zu ernten ist.

Und die Frau macht alles mit. Immer darauf bedacht, der nächsten Umwelt keinen Anlaß zur Kritik zu bieten, den Anschein des „großen Glücks" aufrechtzuerhalten, kuscht sie unter der Peitsche der Umstände, verzichtet auf ihr Vergnügen, auf gesellschaftliche Kontakte, auf Weiterbildung und Politik. Es ist das Recht des Mannes, festzustellen, daß „der Apel" wieder Quatsch gebaut hat mit der Steuerreform, daß „der Schmidt" eine echte Konkurrenz für Franz Joseph Strauß wird und daß „die

Krise“ unabwendbar ist. Denn während die Frau die Kinder zu Bett bringt, das Geschirr spült und Knöpfe annäht, läßt er sich von Köpcke darüber informieren, was man wissen muß.

Und da die Frau in einer Umwelt von Vorurteilen aufgewachsen und danach erzogen worden ist, paßt sie sich an. Hermann Hesse bleibt ihr vorerst ebenso fremd, wie John Steinbeck, von Karl Marx weiß sie, daß er ein Kommunist ist und im übrigen erfährt sie aus der Yellow Press beim Friseur — wohin sie einmal im Monat gehen ‚darf‘ — daß Prinzessin Margrets Ehe auch nicht mehr das ist, was sie schon einmal war, daß die Begum ein hinreißendes Kleid bei den Wagner-Festspielen in Bayreuth anhatte und daß Gunter Sachs sich mit Scheidungsplänen trägt. Und da die Welt der „Großen“ also auch nicht die Beste aller Welten zu sein scheint, kehrt sie zurück in ihre scheinbar heile Welt, froh darüber, mit solchen Problemen nicht belastet zu sein.

Manchmal muckt sie auf, versucht gegen den Stachel zu „löcken“, aber dabei geht es meist um materielle Dinge, um das neue Kleid im Schlußverkauf, die Reparatur der Waschmaschine oder die Überlegung, ob man nicht doch endlich einen Farbfernseher anschaffen sollte.

Dabei kommt sie sich langsam schrecklich alt vor und die Dreißig scheinen ihr endgültig anzuzeigen, wie ihr weiteres Leben ablaufen wird. Alles ist klar, die Ausbildung der Kinder, die Karriere des Mannes, die Versicherungen, die Rente — Produktdenken der Wohlstandsgesellschaft. Und sie fängt an, zu vereinsamen. Manchmal denkt sie daran, daß alle nur etwas von ihr wollen und nur ganz selten für sie noch ein gutes Wort haben oder ihr gar einmal unaufgefordert Hilfe zuteil werden lassen. Und dann denkt sie zurück an die Zeit, in der sie noch alleine lebte und in der sie auch einsam war. Endlich stellt sie fest, daß sie jetzt zwar einen Haufen Verantwortung und Bürde auf sich geladen hat, daß irgendwelcher Krimskrams um sie herum ihr ein gewisses Gefühl des Wohlstandes und der Sicherheit vermittelt, genau genommen aber hat sie sich selbst ihrer eigenen Freiheit begeben und aufgehört zu leben. Und an diesem Punkte angekommen, denkt sie — vielleicht — zum ersten Male wieder bewußt nach.

Der Anlaß ist in den meisten Fällen ein Datum: Der Geburtstag, das x-te Ehejubiläum, die Jahreswende mit all ihren guten Vorsätzen. Wenn es jetzt nicht schon zu spät ist, kommt die Krise und diese Krise kann heilsam sein.

Sie erinnert sich an die gute Schulbildung, die sie gehabt, die Achtung, die sie in der Ausbildung und im Beruf genossen hat und die Interessen, die sie früher beschäftigt haben. Sie kramt in den Erinnerungen, schaut in den Spiegel, findet sich immer noch attraktiv und hat dabei schon fast ein kleines Schuldgefühl ob solcher Gedanken. Ist es nicht traditionell verboten, sich solchen Heimlichkeiten hinzugeben? Natürlich ist das nicht erlaubt! Aber gerade das reizt sie, weckt ihren Widerspruch und ihre Neugierde. Jetzt erst fällt ihr auf, daß der Mann jeden Donnerstag zum Kegeln geht und in letzter Zeit ‚wahnsinnig oft' Überstunden und Konferenzen absolvieren muß.

Dann kommt sie dahinter, daß er eine Freundin hat. Wenn sie klug ist, bricht sie nicht in lautes Wehklagen und Geschrei aus, sondern versucht den ersten Schock tapfer zu überwinden und sich auf die neue Situation einzustellen.
Schon fällt ihr auf, daß in all den Jahren ihrer „heilen Welt" der Kollege am Arbeitsplatz sie mehrfach zu einem Glas Wein eingeladen hat und die Buchhalterin ihr ausführlich und breit das ‚Unglück' ihrer Ehe während der Mittagspause darlegte. Also folgert sie, daß auch die Welt der „Kleinen" ihre Probleme hat und fängt an, sich dafür zu interessieren.
Was bisher als Geschwätz bei ihr zum einen Ohr hinein und zum anderen wieder hinaus ging, wird jetzt wichtig für sie, sie interessiert sich für jeden einzelnen Fall, als müsse sie selbst ihn lösen und ob die Sekretärin des Chefs es mit dem Prokuristen hat, fasziniert sie ebenso, wie das Verhältnis der Packerin mit dem Boten.
Von der Chefsekretärin aber weiß sie, daß sie verheiratet ist und darum sucht sie das Gespräch mit ihr. Was sie jetzt erfährt, reißt erst einmal ihr Weltbild ein, bevor sie es verstehen kann. Denn die Chefsekretärin sagt nicht: „Wie Du mir, so ich Dir", sondern etwas viel Ketzerischeres: „Eine Frau hat das Recht auf zwei Männer!"
Das verwirrt die Frau, darüber denkt sie nach, sie überlegt, was sie eigentlich von Männern weiß und gesteht ein, daß außer ein paar belanglosen Liebschaften in der Schule und Lehre nur „er" da war, „er", mit dem sie all diesen Errungenschaften vom VW bis zur Waschmaschine nachgejagt ist. Betrübt und erheitert zugleich erkennt sie,

daß sie am Leben vorbeigelebt hat und beschließt — schon freier — diesen Zustand zu ändern.

Das beginnt mit einem ‚sündhaft teuren' Schal, den sie sich von ihrem „Schmugeld“ leistet, einer neuen Frisur und einem interessanten, zu ihrem Typ passenden Parfum und endet vorerst bei einem wunderbaren Hütchen (Mein Gott, wie lange hat sie schon keinen Hut mehr getragen?)! Das geht weiter mit den Komplimenten, die sie für diese rein äußerliche Veränderung von allen möglichen Leuten — nur nicht von „ihm“, er merkt nichts — einheimst und endet vorerst in einem kleinen Café, wohin sie mit dem italienischen Ingenieur aus der Firma gegangen ist. Dort hat sie erfahren, daß er ganz allein in dieser ihm fremden, großen Stadt leben muß, ohne Mama, ohne Amore — das Leben ist triste.

Noch quält sie sich mit menschlichen und bürgerlichen Vorurteilen ab, Enrico ist schließlich ein Gastarbeiter, aber ihr Informationsstand steigt und die Neugierde — eine der schönsten weiblichen Eigenschaften — steigt mit. Sie will jetzt wissen, ob sie ihr Leben wirklich in der Hand hat, oder ob sie Fehler gemacht hat und wenn ja, wie sie sie abstellen kann. Allein die Beschäftigung mit diesen Gedanken verleiht ihr erste Befriedigung, dabei ist sie darauf bedacht, am „heimischen Herd“ nicht aufzufallen. Ihre Sorgfalt, bisher schon als Selbstverständlichkeit hingenommen, steigert sich eher noch, so bleibt sie unentdeckt. Und das seit langer Zeit erste herzhaft frohe Lachen kommt, als sie feststellt, daß sie ja nichts „Verbotenes“ tut, sondern nur ihrem Leben einen anderen Sinn zu geben versucht.

So sagt sie „ihm“ auch nichts von dem anonymen Brief, den ihr ein „wohlmeinender Freund“ in aufrichtiger Sorge um ihre Ehe zugeschickt hat, um sie über die „Schlampe“ aufzuklären, mit der ihr Mann ein Verhältnis hat.
Sie kauft sich ein Buch und das ist nicht „Vom Winde verweht“, um an anderer Leute Schicksal das eigene zu vergessen, nein, sie will es jetzt wissen und kauft das Buch „Leben lernen“ von einem gewissen Herrn Mandel und das Buch handelt von „Partnerschaft und Kommunikationstherapie“. Sie versteht nicht alles, was in dem Buch steht und da sie glaubt, daß niemand ihr helfen kann, die Dinge zu verstehen, macht sie ‚Fallstudien‘. Das heißt, sie sperrt die Augen und die Ohren auf und dabei erfährt sie mehr, als sie je zu hoffen gewagt hätte.

Die Fallstudien

Grundsätzlich stellt sie fest, daß eine Frau eine Frau ist. So unsinnig diese Feststellung zu sein scheint, so wichtig ist sie. Denn noch unterscheidet die Umwelt fünf Arten von Frauen:

Die ledige Frau
Die verheiratete Frau
Die geschiedene Frau und
Die getrennt lebende Frau (als besondere Spezies genauer Differenzierung) sowie
Die verwitwete Frau.

Und sie stellt weiter fest, daß all diese Frauen einen ge-

meinsamen Wunsch haben: Den Wunsch nach dem Mann, nach Zärtlichkeit, Geborgenheit, Glück und Liebe.
Und da sie selbst verheiratet ist, sucht sie erst einmal Beispiele, an denen sie sich selbst messen kann, an denen sie vergleichen kann, ob und welche Fehler sie gemacht hat.
Alle folgenden Fallstudien sind Tatsachen, aus naheliegenden Gründen wurden allerdings Namen und Orte verändert, um den Betroffenen Unannehmlichkeiten zu ersparen.

Der Fall Birgit S.:

Birgit war sechsundzwanzig Jahre alt, als sie glaubte, den Mann fürs Leben gefunden zu haben. Sie arbeitete als Fotografin für die Werbung, kam aus einem ‚anständigen' Elternhaus in Berlin, der Vater war Beamter, die Mutter Hausfrau.
„Ihn" lernte sie beruflich kennen. Er war Art-Director in einer Düsseldorfer Werbeagentur, zweiunddreißig Jahre alt und galt als As in seiner Firma. Er verwaltete den Etat für eine große Fluggesellschaft, dadurch kam er viel herum und konnte viel erzählen. Außerdem war er Amerikaner und hatte seine bestimmten Vorstellungen vom Leben.
Birgit war ein bildhübsches Mädchen, das sich alleine freigeschwommen hatte, nachdem die Vorstellungen des Elternhauses mit ihren Zukunftsvorstellungen nicht unter einen Hut zu bringen waren. Das hatte Knatsch gegeben,

man hatte zwei Jahre nicht miteinander gesprochen, aber — nachdem Birgit die ersten Erfolge aufzuweisen hatte — hatte man sich wieder verstanden und redete wieder zusammen.
Schon die räumliche Distanz — die Eltern lebten in Berlin und sie in Düsseldorf — hatte es mit sich gebracht, daß die verwandtschaftlichen Kontakte auf bestimmte Festtage beschränkt blieben und Birgit fühlte sich so als modernes Mädchen, das sein Leben selbst gestaltete. Sie hatte Erfolg und das freute sie. Und in diesem Stadium trat Mark in ihr Leben.
Es war nicht so, daß Birgit vorher keine Männerbekanntschaften gehabt hätte, aber mit Mark — so glaubte sie — war das etwas anderes, er kam, sah und siegte gewissermaßen schon durch den Umstand, daß er sich salopp kleidete, wenig Respekt vor seiner Umwelt hatte und auf einem Wasserbett schlief. Und wie gesagt, er war ein As, auf das man hörte und dessen Können und Wissen man vertraute.
Sie wurden sich schnell einig und beschlossen zu heiraten. Auch hier ging Mark seine eigenen Wege, die Hochzeit fand in London statt und telegrafisch unterrichtete man die näheren Familienangehörigen von der vollzogenen Prozedur.
Das Wasserbett hielt den ehelichen Pflichten stand, Birgit wurde schwanger und wünschte sich einen Jungen. In dieser Zeit ließ Mark sich vor lauter Vaterstolz einen Bart wachsen und als der Knabe Oliver geboren wurde, schien das Glück vollkommen. Die neuerdings durch die unkonventionelle Hochzeit entstandenen Spannungen mit

nun beiden Familien baute Klein-Oliver im Handumdrehen ab und Birgit hängte ihren Job an den Nagel, war Mutter und Hausfrau in der großen Wohnung, die man sich in der Innenstadt genommen hatte.

Oliver wuchs, wurde ein und dann zwei Jahre alt, war das, was man ein ‚süßes Baby' nennt und Birgit fragte sich manchmal, ob das nun der Sinn des Lebens sei, auf Mann und Sohn zu achten, Bett und Küche in Ordnung zu halten. Und da sie eine selbständig denkende und kluge Frau war, kam sie zu dem Schluß, daß es so nicht weitergehen konnte.

Denn Mark — das hatte sich schon nach kurzer Zeit herausgestellt — war nicht nur ein aufmerksamer und liebevoller Ehemann, sondern er hatte auch seine Fehler. Schnell war Birgit dahinter gekommen, daß er heimlich gern ein Schnäpschen trank und vor großen Aufgaben so unsicher wurde, daß er sich mehr als notwendig in Drogen seine Selbstsicherheit suchte, die man so an ihm pries. Mehrfach hatten sie darüber gesprochen, aber gerade in diesen Punkten war eine Kommunikation zwischen ihnen nicht möglich. So machte sich Birgit alleine auf und besuchte eine städtische Eheberatungsstelle.

Dort saß eine verständnisvolle Soziologin, die den Vorschlag machte, Birgit solle mit Mark in die Sprechstunde kommen. Es dauerte eine Zeit, bis Birgit Mark soweit hatte, aber dann saßen sie beide bei der Beraterin und versuchten, ihre Probleme auf den Tisch zu legen. Es mißlang. So griff Birgit erst einmal wieder zur Kamera und machte Fotos von Oliver, zuerst für das Familien-Album, dann für die Verwandtschaft und endlich für die

Werbung, denn ein Freund des Hauses hatte die Bilder gesehen und fand sie ‚ganz hervorragend'. Tatsächlich rissen sich die Hersteller von Kinderkost und -windeln um die Bilder, Birgit kam groß ins Geschäft, man erlaubte sich eine Haushälterin, die auf Kind und Wohnung aufpaßte. Nur Mark und Birgit lebten aneinander vorbei. Das führte zu Szenen, manchmal wurden Teller von beiden Seiten mit lautem Krach auf dem Boden zertrümmert und böse Worte gewechselt. Dazwischen gab es Versöhnungen, die manchmal noch einen Höhepunkt ehelichen Glücks ermöglichten, aber schnell sank der Alltag mit seinem beruflichen Streß für beide Ehepartner wieder über die Szene — Birgit und Mark lebten sich auseinander. Und wieder ging Birgit zu der Eheberatung, da sie von sich aus nicht mehr weiter wußte. Aber außer dem Hinweis, daß solche Streitigkeiten absolut ‚üblich' wären, konnte sie keinen Rat und keinen Ausweg finden.

In diesem Stadium traf sie Wolf. Auch er war Fotograf, auch er arbeitete in der Werbung und so gab es viel Gemeinsames. Fairerweise nahm Birgit Wolf mit in die eheliche Wohnung und stellte ihn Mark vor. Mark verstand sich auf Anhieb mit dem Kollegen, so wurde Wolf der Freund des Hauses. Und da er unverheiratet war, ergab es sich, daß er viele Abende jetzt bei Birgit und Mark verbrachte. Für Oliver war er der ‚prima' Onkel.

Die Entscheidung bahnte sich an, als Mark für sechs Wochen auf eine Dienstreise um die Welt mußte. Birgit und Wolf fanden sich in dieser Zeit und da sie moderne, junge Menschen waren, beschlossen sie zu handeln.

Als Mark zurückkam erzählte ihm Birgit alles, was geschehen war und versuchte mit ihrem Mann darüber zu reden.
Mark stürzte in ein Chaos, er trank übermäßig viel und klammerte sich an Drogen. Dies wiederum veranlaßte Birgit, ein letztes Mal die Eheberatung aufzusuchen. Sie bat Monika — die Soziologin — mit ihr in die gemeinschaftliche Wohnung zu kommen und sich um Mark zu kümmern. Was immer die Gründe für Monika gewesen sein mögen, sie kam mit.
Noch am gleichen Abend packte Birgit das Notwendigste für sich und das Kind zusammen und zog zu Wolf.
Monika erwies sich urplötzlich als gute Eheberaterin, eine Nacht lang redete sie auf Mark ein, bis dieser — verzweifelt und betrunken — mit ihr ins Bett ging. Damit war zwar das Problem Mark für den Augenblick gelöst, aber Birgit selbst noch weit von ihren Idealvorstellungen entfernt. Sie fand erst einmal Unterkunft bei Freunden, suchte sich dann eine Wohnung, wo sie und das Kind leben konnten und distanzierte sich von Wolf, denn auch er hatte seine Probleme und sie war nicht bereit, pausenlos nur als Problemlöserin tätig zu sein. Sie ging weiter ihrer Arbeit nach, die ihr Anerkennung und Befriedigung gab, sah Mark jetzt mit ganz anderen Augen und wunderte sich darüber, daß sie ihn jemals geheiratet hatte. Trotzdem stimmte sie zu, sich vorerst nicht scheiden zu lassen und beiden Eheteilen eine Denkpause zuzugestehen. Diese befristete man zunächst auf ein Jahr.
Während Mark nun Monika zu sich nahm und diese dabei sicherlich viel für ihre tägliche Praxis lernte, ging

Birgit mehrere Bindungen ein und stellte erstaunt fest, daß nach der Entspannung viele Männer fast alles von ihrer Anziehungskraft verloren. Das war neu für sie und sie begann darüber Tagebuch zu führen. Dieses Tagebuch wurde für sie bei jeder neuen Begegnung Ratgeber und Anhaltspunkt für ihr Verhalten. Sie hatte zu keiner Zeit ein schlechtes Gewissen, zumal sie erfuhr, daß fast alle Männer, die sie traf, Verhältnisse mit mehreren Frauen hatten. Sie nahm dies für ihr künftiges Leben nicht als Ausrede oder Rechtfertigung, sondern überlegte rational, daß angesichts ihrer persönlichen Leistung im Beruf und ihrer verantwortungsbewußten Erziehung für das Kind, sie absolut das Recht habe, die Mann-Wahl selbst zu treffen.
Mark und Birgit sind heute noch verheiratet, ihr Verhältnis ist sehr freundschaftlich und weit offener als in der Zeit ihres Zusammenlebens. Sie haben sich beide an den bestehenden Zustand gewöhnt und sehen keinen Anlaß, ihn im Augenblick zu ändern.

Der Fall Gisela W.:

Als Gisela ihren späteren Mann Siegfried kennenlernte, war sie hochbezahlte Direktrice in einem Hamburger Modegeschäft, während Siegfried in den letzten Zügen seines Studiums lag. So kam es, daß Gisela manche Mark zum erfolgreichen Bestehen des Examens beitrug. Dann wurde geheiratet.
Man fand eine Wohnung und Siegfried eine gut bezahlte

Stellung bei einer Ölgesellschaft. Es kamen die Kinder — zwei Mädchen — relativ schnell im Abstand von zwei Jahren.
Gisela hatte sich ganz von ihrem Beruf zurückgezogen und ging im Haushalt auf. Eines Tages kam Siegfried mit dem Vorschlag nach Hause, eine eigene Kanzlei als Wirtschafts- und Steuerberater aufzumachen und Gisela stimmte begeistert zu, denn Siegfrieds Aussichten, bei der Ölgesellschaft schnell Karriere zu machen, waren — das wußten sie inzwischen — nicht allzu rosig.
In der Mönckebergstraße fand Siegfried passende Räume und bald kamen die ersten Mandanten. Diese wiederum brachten Verpflichtungen mit sich, in die Siegfried auch seine Frau einbezog. Einmal mußte man dort einen Besuch machen, dann ein gemeinsamer Theaterbesuch, hier ein Essen mit Geschäftsfreunden.
Gisela stilisierte in ihren Gedanken den Ehemann zum Helden hoch, zum Berater großer Konzerne, zum Supermann des großen Geldes. Die Wirklichkeit hinkte diesen Träumen wesentlich nach, Siegfried hatte zwar eine gutgehende, aber keine Superkanzlei, entsprechend war sein Einkommen. Das war eine Enttäuschung für Gisela. Dann kamen die Kinder zur Schule und da sie ja etwas ‚Besseres‘ werden sollten, gab Gisela sie in die englische Schule. So wurden die beiden Mädchen zweisprachig erzogen, was nie schaden konnte.
Gisela selbst hatte jetzt viel Zeit für sich und begann zu lesen. Irgendwann nahm eine Freundin sie mit zu einer politischen Versammlung und was sie dort hörte, faszinierte sie so, daß sie der Partei beitrat. Schon bald wurde

die Partei ihr Ersatz für den Ehealltag, begeistert verfaßte und hektographierte sie Pamphlete, die sie selbst in Tausende von Briefkästen steckte, ja, sie hielt sogar die Kinder dazu an, ihr zu helfen.

Natürlich blieb soviel Engagement nicht unbeachtet, Gisela stieg in der Hierarchie erst zum Schriftführer, dann zum Stellvertretenden Vorsitzenden des Ortsverbandes auf, bekleidete eine Funktion im Elternbeirat der Schule, kandidierte als Abgeordnete für das Stadtparlament und unterlag mit nur dreizehn Stimmen.

Dies stachelte ihren Ehrgeiz um so mehr an, als Siegfried neuerdings Probleme in der Kanzlei hatte. Das bedeutete aber, daß sie kaum noch zu Hause war.

Es konnte nicht ausbleiben, daß sie bei ihrer Tätigkeit mit vielen Menschen zusammenkam und die meisten von ihnen — so ist das nun einmal bei Parteien — waren Männer. Gisela nahm sie zur Kenntnis, ohne sie wirklich zu sehen. Sie alle, das glaubte sie, waren ja dem einen großen politischen Ziel verpflichtet.

Dann kam der Tag, an dem Siegfried vor seine Frau treten mußte, um zu bekennen, daß er sich verspekuliert hatte und pleite sei. Das war ein Schock. Und da ein Unglück selten alleine kommt, brach Gisela sich am nächsten Tag ein Bein, das zwar, dank der noch bestehenden guten Versicherung, schnell wieder in Ordnung gebracht wurde, aber was blieb, waren zwei Narben, eine am Bein und eine in ihrem Herzen über das Versagen ihres Mannes.

Siegfried bekam schnell wieder eine Anstellung, trotzdem mußte man jetzt kleinere Brötchen backen, das Eheleben war gestört. Es kam zu gegenseitigen Vorwürfen und die Folge war, daß Gisela jetzt noch mehr als zuvor außer Hauses war.

Im Wahlkampf lernte sie den Kandidaten Eberhard kennen und tatsächlich schaffte dieser spielend den Einzug ins Parlament. Das also, was sie Siegfried gewünscht hatte, erreichte Eberhard im Handumdrehen. Gisela sah keinen Grund, sich ihm zu verweigern, als nach einer Kundgebung sich dafür die Gelegenheit bot. Sie sah weiter keinen Grund, diese Tatsache ihrem Mann zu verschweigen und da sie beide aufgeschlossene Menschen waren, diskutierten sie das entstandene Problem ein Wochenende lang. Gisela beharrte auf dem Standpunkt, daß es in beider Interesse liegen müsse, ihrer Ehe dadurch ständig neue Impulse zu geben. Siegfried hörte sich das in Ruhe an, war bereit auf die Bedingungen einzugehen, wenn gleiches Recht für beide Teile gelte. Dies allerdings wollte Gisela nicht, denn — so argumentierte sie — er solle seine Kraft lieber dafür einsetzen, wieder berufliche Fortschritte zu machen. Es kam zu einer langen Diskussion, die jedoch kein brauchbares Ergebnis brachte.

Wenige Tage später lernte Gisela bei einem Parteikonvent einen der führenden Theoretiker kennen und verliebte sich Hals über Kopf in ihn. Die Neigung war gegenseitig, es kam zu einer Liaison und zum zeitweiligen Auszug von Gisela aus der gemeinsamen Wohnung. Den Kindern gegenüber begründete man die Sache als Dienstreise.

Die Liaison zerbrach, der Partei-Theoretiker wollte sicherlich noch in anderen Landesteilen praktische Erfahrungen sammeln — Gisela kehrte zurück und berichtete freimütig

über das Erlebnis. Nach wie vor war sie emsig in der von ihr gewählten Tätigkeit und da man von der Lage ihrer Familie hörte, gab man ihr eine gut bezahlte Position in der Parteileitung. Das ließ sie die Narben der Ehe und am Bein vergessen.
Tatsächlich kam auch Siegfried beruflich wieder auf die Beine und es ging wieder aufwärts. Man kaufte sich ein kleines Boot, mit dem man die Elbe hinauf- und hinunterfuhr. So ging es auch mit ihrer Ehe weiter, Gisela suchte sich die Männer, von denen sie glaubte, mehr und Besseres zu lernen, Siegfried machte es heimlich, um den Ehefrieden nicht zu stören.
Manchmal gingen sie noch zusammen ins Bett und fanden Befriedigung dabei. So sahen sie keinen Anlaß, eine Scheidung überhaupt nur zu erwägen. Sie halten sich beide für moderne, fortschrittliche Menschen, die den Zeitläufen Rechnung tragen. Sie sind ohne Scham und schlechtes Gewissen gegeneinander und ihre Umwelt bezeichnet die Ehe als gut. Gisela nimmt sich das Recht auf einen zweiten Mann, wann immer sie es für richtig hält.

Der Fall Margret K.:

Sie hatten sich beim Tanzen kennengelernt. Margret K. war gerade einundzwanzig geworden und Arbeiterin in einer Textilfabrik, Robert war Polier bei einer Baufirma und zehn Jahre älter als sie. Acht Jahre hatte er bei der Bundeswehr gedient und eine hübsche Abfindung bekom-

men, so stellte er etwas dar und das imponierte Margret.
Er redete nicht lange drum herum, sondern nahm sie mit zu sich nach Hause. Und er war nicht Margrets erster Mann, so daß keine Überraschungen zu erwarten waren. Die Frage nach der Pille beantwortete sie wahrheitsgemäß, beide hatten Lustgewinn.
Dann sahen sie sich öfter, fanden über das rein Körperliche hinaus Gefallen aneinander und beschlossen zu heiraten. Drei Jahre ging Margret noch arbeiten. In dieser Zeit hatten sie sich ein kleines Häuschen gebaut, womit zwar die Ersparnisse aufgebraucht waren, aber etwas ‚Eigenes' dastand. Dann kam das Kind, ein Mädchen, das sie Roberta tauften, denn eigentlich sollte es ein Junge sein. Die Enttäuschung saß tief in Robert, er sonderte sich von Frau und Tochter ab, saß mehr und mehr im Wirtshaus und so kam, was kommen mußte. An einem Freitagabend überfuhr er zwar unschuldig, aber angetrunken einen alten Mann. Das Gericht nahm zu seinen Gunsten fahrlässige Tötung an, aber die Trunkenheit am Steuer und ein entsprechendes Gutachten trugen ihm zwei Jahre Gefängnis ohne Bewährung ein. Diszipliniert trat er die Strafe an, Margret war mit der kleinen Roberta allein und gezwungen, wieder zu arbeiten.
Glücklicherweise bekam sie sofort eine gute Stellung in einer Fabrik für elektronische Teile, eine saubere Arbeit, die ihr Spaß machte und die sie schnell begriff. So wurde sie schon kurze Zeit später Vorarbeiterin. Die kleine Roberta war tagsüber bei einer Nachbarin.
Jede Woche einmal besuchte sie ihren Mann und berich-

tete von den Neuigkeiten des Alltags und beruhigte seine Sorgen. Nein, eine Hypothek müsse sie nicht aufnehmen, sie würde das Leben schon meistern.

Nachdem so alles seinen neuen Gang nahm und der Frühling kam, packte sie eine bisher nicht gekannte Sehnsucht und sie wünschte oft, daß Robert jetzt da wäre. Da dies unmöglich war, befriedigte sie sich zuerst selbst, bis Hans-Jochen in ihr Leben trat. Sie verstanden sich auf Anhieb und Margret tobte alle aufgespeicherten Gefühle des letzten halben Jahres aus. Hans-Jochen war beeindruckt und glaubte, noch nie einer solchen Frau begegnet zu sein.

Margret machte kein Hehl daraus, daß sie verheiratet war und schwindelte nur ein bißchen, als sie behauptete, Robert sei für seine Firma auf einer Baustelle in Indien und nicht vor einem Jahr zurückzuerwarten. Das beruhigte den Liebhaber ungemein, sie verlebten einen schönen Sommer zusammen und einen noch schöneren Herbst. Als der Winter kam, kümmerte sich Hans-Jochen ums Heizöl und spielte mit Roberta, die Onkel zu ihm sagte.

Margret überlegte manchmal, ob sie Robert die ganze Geschichte erzählen sollte, ließ es aber dann, um ihn nicht allzu sehr zu beunruhigen. Und da er sie nie nach solchen Dingen fragte, beschloß sie, das Geständnis auf den Zeitpunkt seiner Entlassung zu verlegen.

Als es wieder Frühling wurde, trat an Stelle von Hans-Jochen ein anderer Mann, er hieß Karl und war ein Kollege von Hans-Jochen. Auch er fühlte sich bei Margret in dem kleinen Haus wohl, gab der Frau, was sie sich wünschte und es hätte alles wieder schön werden können, aber Karl fand kein rechtes Verhältnis zu Roberta. So mußte er gehen und nach ihm kam Paul. Auch Paul war jung und blond, stark und ehrlich, wie alle seine Vorgänger. Doch auch Paul machte Fehler, er schlug sie einmal im Zorn und schon flog er raus, denn Margret war sich ihrer selbst jetzt immer sicherer geworden und stellte mit Vergnügen fest, daß ihre Anziehungskraft auf Männer nicht ohne Wirkung war. Es gab kurz noch einen Herbert, dann einen Manfred, dazwischen die regelmäßigen Besuche im Gefängnis und die Arbeit.

Dann war Robert wieder da und Margret freute sich. In ihrer einfachen Art hatte sie alles geregelt, Überraschungen waren nicht zu befürchten und außerdem hatte sie sowieso die Absicht, Robert alles zu erzählen. Schließlich kannte er sie und mußte verstehen, daß sie nicht zwei Jahre ohne Mann leben konnte.

Aber Robert war ein anderer geworden. Die Zeit im Gefängnis war ihm nicht bekommen, hatte sein Selbstbewußtsein gebrochen, auch er hatte sexuelle Schwierigkeiten und jetzt — so gestand er — war er homosexuell.

Das war eine Situation, mit der sie sich auseinandersetzen mußten und da sie es alleine tun mußten, war es wieder Margret, die praktisch dachte. Zuerst richtete sie getrennte Schlafzimmer ein, eines für Robert, eines für sich, eines für das Kind Roberta.

Glücklicherweise bekam Robert schnell wieder Arbeit, seine alte Firma nahm ihn mit Handkuß (Facharbeiter waren rar!), trotzdem ging Margret angesichts der besonderen und noch nicht überschaubaren Umstände ebenfalls weiter in die Fabrik. So änderte sich praktisch nichts,

mit Ausnahme der Tatsache, daß Margret jetzt oft sehnsuchtsvoll allein in ihrem Bett lag und weinte.
Das hielt sie ganze zwei Monate durch, dann stellte sie Robert zu einem Gespräch und erzählte ihm, daß sie ohne einen Mann nicht leben könne. Das Gespräch verlief überraschend friedlich und man kam überein, daß jeder seine Wege gehen solle, nur im Hause selbst solle sich nichts abspielen.
Margret war einverstanden und auch Robert suchte seine Neigungen wo immer er sie fand. Und so — quasi mit einer carte blanche ausgestattet — fand Margret ihre Männer. Befreit vom Druck der Heimlichkeit entfaltete sie sich zu einer schönen, anmutigen Frau, die begehrt und geliebt war. Sie fand Gefallen daran, nicht nur einen Geliebten zu haben und umworben zu sein.
Manchmal war einer darunter, der sie ganz besitzen wollte und auf eine Scheidung drängte. Aber Margret hatte gelernt, schöne Worte von Tatsachen zu unterscheiden. Sie wußte, daß der gegebene Zustand für sie, Robert und das Kind der Beste war.
So ist sie noch heute verheiratet und führt ein harmonisches Leben, wenn auch Robert nicht mehr ihr Mann ist. Aber sie hat die Hoffnung nicht aufgegeben, daß einmal, viel später, wenn sie beide viel älter sind und die sexuellen Dinge zweitrangig werden, ihre Entscheidung die richtige war.
Solange aber wird Margret sich die Männer suchen, die ihr Spaß machen und die sie will.

Wandlung der Verhältnisse

Die Frau stellt also fest, daß die Dinge schon lange nicht mehr so zu sein scheinen, wie Elternhaus, Schule und Religion es ihr in einem langwierigen Prozeß zu lehren versuchten.

Konfrontiert mit der Lehre auf der einen und den Tatsachen auf der anderen Seite, versucht sie, sich ein eigenes Bild der Wirklichkeit zu schaffen, an dem sie sich orientieren und ihr Leben gestalten kann.

Neue Begriffe kommen auf sie zu. Emanzipation. Natürlich hat sie schon davon gehört, aber begriffen hat sie es nicht. Auch das Lexikon kann ihr nicht viel helfen, denn dieses stellt nüchtern fest, daß damit allgemein die soziale, politische und rechtliche Gleichstellung der Frau dem Manne gegenüber ausgedrückt wird.

Wo aber ist diese Gleichberechtigung verwirklicht?

In der Politik? Ja! Sie darf wählen, wie ein Mann. Darf sie aber auch wählen, was und wen sie will? Oder nimmt nicht vielmehr der Mann ganz erheblichen Einfluß auf ihre Entscheidung? Ist nicht er es, der ihr Weltbild prägt, der ihr die Informationen aus dem politischen Bereich zuteilt und sie so — ganz in seinem Sinne — unaufhörlich und unbewußt beeinflußt? Was hat sie schon für Möglichkeiten, sich selbst zu informieren?

Natürlich ist da das Radio und der Fernseher, die Zeitung und das Gespräch mit den Arbeitskollegen, Nachbarn und Freunden. Aber unter der Doppelbelastung — Arbeit und Familie — ist die Frau oft viel zu müde, um sich schwerwiegenden Problemen der Politik zu widmen. Für sie wird ja die Unterhaltung in den Medien produziert und die Millionenauflagen der Illustrierten und die hohen Einschaltziffern der Unterhaltungssendungen beweisen ja einmal mehr, daß Unterhaltung immer noch weit vor Information gefragt ist.

So wird ihr in diesem Stadium auch die Sufragette Emmeline Pankhurst mit Sicherheit fremd bleiben, diese tapfere Engländerin, die von 1906 bis 1914 die Bewegung anführte, die für das Stimmrecht der Frauen kämpfte. Und die Entdeckung des Unbewußten als Triebkraft des Lebens, wie Sigmund Freud und Carl Gustav Jung es sahen, wird für sie neu zu entdecken sein, denn auch diese beiden Philosophen bleiben ihr vorerst unbekannt.

Was aber ist anders geworden, was macht die Frau nachdenklich, was läßt sie unablässig neugieriger werden?

Ist es der Ehe-Alltag in seinen gleichlaufenden Bahnen? Wie ist er denn? Gut, der Mann geht arbeiten, die Kinder gehen in die Schule, sie geht arbeiten. Das Auskommen ist gesichert, man kann sich etwas leisten, die Probleme werden bewältigt.

Und trotzdem ist irgend etwas nicht in Ordnung. Schon lange ist der eheliche Verkehr zu einer Gewohnheit geworden. Die Frau stellt fest, daß er fast nicht einmal mehr eine ‚liebgewordene' Gewohnheit ist. Die Selbstverständlichkeit, ja nahezu schon Lieblosigkeit, mit dem der Verkehr ausgeführt wird, läßt sie an früher denken.

An die Zeit, als ihr Mann noch um sie warb, sie mit Aufmerksamkeiten verwöhnte und ihr mit kleinen Geschenken Freude bereitete. Was ist davon geblieben? Fast nichts!

Natürlich gibt es die kalendermäßigen Feiertage und die obligatorischen Blumen, natürlich gibt es den ‚heiligen Abend' mit seinen Geschenken, den Geburtstag, den Hochzeitstag. Aber dazwischen ist nichts, nur Routine, nur Selbstverständlichkeit, ewig der gleiche Ablauf. Der Krebsschaden jeder Ehe.

Die Frau spürt, daß ihr das nicht genügt. Und wenn sie mutig ist, sagt sie es. Dann gibt es die fast auch schon routinemäßige Diskussion mit der lapidaren Feststellung „Ich weiß nicht, was du willst, es fehlt dir doch an nichts!"

Aber genau das stimmt nicht. Die Frau weiß zwar nicht genau zu bezeichnen, was ihr fehlt, aber sie ist unzufrieden. Und über diese Unzufriedenheit denkt sie nach und vergleicht das Leben und Verhalten anderer Frauen mit dem ihren. Noch ist sie nicht bereit, sich ihr Recht zu nehmen, denn noch weiß sie nicht, ob sie überhaupt Recht hat. Aber sie ahnt, sie spürt unbewußt, daß sich etwas verändern muß. So kann es nicht weitergehen.

Hat sie das Recht auf einen zweiten Mann, einen Mann, der ihr all das gibt, was sie bei ihrem „eigenen" Mann nicht mehr findet, was er ihr nicht mehr geben will oder vielleicht auch gar nicht geben kann? Noch beobachtet sie, noch hört und sieht sie sich um.

Der Fall Susanne D.:

Sie war ein Flüchtlingsmädchen, als sie im November 1952 nach Köln verschlagen wurde. Was hinter ihr lag, war Unterdrückung, Mißachtung und das Gefühl, in der alten Heimat unerwünscht zu sein. Sie war achtzehn, unerfahren und lebenshungrig. Sie war blond, schlank und hübsch. Außerdem war sie gewandt, beherrschte Schreibmaschine und Steno, deutsch und polnisch. Das waren schon Dinge, mit denen sich etwas anfangen ließ. Erst bekam sie eine Stellung bei einer Behörde, aber, da ihr das tägliche Einerlei nicht gefiel, suchte sie sich bald etwas Neues und wurde Verkäuferin bei einer Kosmetikfirma. Das lag ihr, das machte ihr Spaß und so war sie erfolgreich und konnte sich schon bald ein eigenes kleines Apartment leisten. Die Männer stellten ihr nach, waren höflich und zuvorkommend, dann war einer darunter, der ihr einen Heiratsantrag machte. Sie nahm an, obwohl sie sich über ihre Gefühle nicht im klaren war. Aber hier — im goldenen Westen — sahen die Dinge sowieso ganz anders aus, als in der alten Heimat. Und vielleicht war das auch mit den Gefühlen hier anders gelagert.

Friedrich hatte ein Feinkostgeschäft in Bonn und Susanne wurde Geschäftsfrau, stand hinter dem Tresen und verkaufte Aal und Brötchen, Gänseleber und Butter — je nachdem, was gerade gefragt wurde. Hochgestellte Herrschaften kauften bei Friedrich ein, die man sonst nur im Fernsehen sah, Politiker, Lobbyisten und Journalisten. Und abends klingelte die Kasse, satt und voll.

Aber das reichte Susanne nicht. Sie sah, daß gerade hier

in Bonn ein guter Markt für Friedrichs Geschäft war, doch die Diplomaten saßen in Bad Godesberg. Und das war ein noch besserer Markt.

Ein zweites Geschäft wurde erst gepachtet, dann gekauft, denn Susannes Idee hatte sich als gewinnbringend erwiesen. So standen Friedrich in Bonn und Susanne in Bad Godesberg und verkauften alles, was gut und teuer war, sagten „Guten Morgen, gnädige Frau" und „Beehren Sie uns bald wieder!" Und statt einer klingelten jetzt zwei Kassen, gaben Stolz und Zufriedenheit und machten die Einstellung von Verkäuferinnen notwendig.

Bewußt suchte Susanne hübsche Mädchen aus, in der richtigen Annahme, daß dies den Geschäften förderlich sei. Und auch als sie erfuhr, daß Friedrich die kleine Angelika nicht nur in den Po kniff, sondern auf dem Sofa des kleinen Bonner Büros sie in die Kunst der körperlichen Liebe einwies, wurde sie nicht böse, sondern revanchierte sich mit dem Friseur, der im Nebenhaus seinem Beruf nachging. Das führte zu ersten Tuscheleien, dann gab es eine deftige Auseinandersetzung mit der Frau des Friseurs, die diesem Treiben nicht länger zuschauen wollte, bis man sich entschloß, das alles en famille zu regeln und sich zu diesem Zwecke regelmäßig zu treffen. Diese Treffen fanden sonntags statt, an anderen Tagen hatten beide Parteien keine Zeit dazu.

Doch Susanne genügte das nicht. Einmal auf den Geschmack gekommen sah sie sich unter ihrer Godesberger Kundschaft um und suchte sich den feschen Attaché einer fremden Botschaft aus, dem sie eindeutige Avancen

machte, die nicht unerwidert blieben. Der junge Diplomat hatte glücklicherweise seine hübsche Wohnung um die Ecke, so daß Susanne nie allzulange das Geschäft verlassen mußte, das entkomplizierte das Verhältnis.
Durch den Attaché lernte Susanne eine neue Welt kennen, eine Welt, von der sie bisher nur geträumt hatte und deren Funktionen sie aus einigen Hollywood-Filmen zu kennen glaubte. Dies steigerte ihren Wunsch, ganz dieser Welt anzugehören und sie machte Friedrich den Vorschlag, sich scheiden zu lassen.
Da sie keinerlei materielle Forderungen stellte, ging Friedrich auf den Vorschlag ein, die Scheidung lief reibungslos über die Bühne und an Stelle von Susanne stand wenige Monate später Angelika hinter dem Tresen des Godesberger Geschäftes. Die Kundschaft merkte es kaum. Nur Susanne hatte sich geirrt. Der Attaché war nicht umsonst Diplomat, um sich nicht fein aus der Sache zu ziehen. Er ließ sich nach Washington versetzen und Susanne mußte wieder ganz von vorn anfangen.
Sie ging nach München, von dem sie schon viel Gutes gehört hatte und ohne Schwierigkeiten fand sie schnell Anschluß. Einmal sah sie blendend aus und zweitens war sie kein Kind von Traurigkeit, gewohnt, sich gegebenen Verhältnissen schnell anzupassen. Schon nach kurzer Zeit fand sie einen jungen Bankier, der bereit war, ihr Haus und Hand zu reichen und kurzentschlossen willigte sie ein. So wohnte man in Grünwald, verkehrte in der besten Gesellschaft und war wer.
Doch auch die Arbeit eines Bankiers muß wohl sehr anstrengend sein, jedenfalls ließ Albert — so hieß er — in

seinen ehelichen Pflichten sehr schnell nach und das bekümmerte Susanne.

So flirtete sie unbekümmert mit den damals noch reichlich vorhandenen Playboys der heimlichen Hauptstadt, stürzte sich von einem Vergnügen ins andere (und auch daran war München nicht arm), verkehrte in allen Lokalen, die „in" waren und wenn Albert sie manchmal bat, es nicht allzu toll zu treiben, konnte sie nur verwundert den Kopf schütteln und ihn bitten, sich mehr um sie zu kümmern.

Das half immer einige Tage und die Welt war wieder in Ordnung, aber Albert mußte sich irgendwann entscheiden, ob er seine Kraft seinem Beruf oder seiner Frau schenken wollte. Und da am Gelde vieles hängt, entschied er sich für seinen Beruf. Susanne wurde zum zweitenmal geschieden. Diesmal bekam sie eine angemessene Apanage, die es ihr erlaubte, wie sie meinte, ‚standesgemäß' zu leben.

Inzwischen hatte sie die Dreißig überschritten, was ihre Attraktivität eher noch gesteigert hatte und wurde wählerischer. Und da das ständige Nichtstun ihr auch nicht zusagte — sie war von Haus aus viel zu aktiv — suchte sie einen neuen Job, den sie bald fand: Sie wurde Dolmetscherin in einem Industriebetrieb, der mit der Volksrepublik Polen Geschäfte machte.

Hier stand sie voll ihre Frau, kam hin und wieder dienstlich in die alte Heimat zurück und traf auch dort Männer, die sie begehrten, konnte sich aber zu einer dauernden Rückkehr nicht entschließen. Dann bat sie einer der Abteilungsleiter ihrer Firma um ihre Hand und jetzt war es Susanne, die klipp und klar erklärte, daß sie zwar gerne wieder heiraten würde, aber auch fürchte, daß sie einem Manne allein nicht treu sein könne. Der Abteilungsleiter war einverstanden, zumal Susanne ihm ein gleiches Recht einräumte. So leben sie zusammen, zufrieden und harmonisch. Susanne hatte sich erkämpft, was sie wollte: Das Recht auf einen zweiten Mann, wann immer und wo immer sie will.

Der Fall Renate E.:

Sie war in einem streng katholischen Elternhaus aufgewachsen, dazu in einer norddeutschen Kleinstadt, in der einer den anderen kannte. Der zweite Weltkrieg hatte das Städtchen nicht berührt, wenn man von den obligatorischen Fliegeralarmen absah, Bomben waren keine gefallen. Dafür gab es Einquartierung von den aus Frankreich, Holland und Belgien zurückflutenden deutschen Truppen und Renate war in dem Alter, in dem man sich schon einmal nach einem hübschen Burschen umdrehte. Ihr Vater war städtischer Beamter und konnte es einrichten, daß sein Haus einige junge Offiziere als Einquartierung bekam. Unter ihnen war Wolfgang, ein Student mit Lebenserfahrung aus sechs Jahren Krieg und Berliner. Er war ein junger hübscher Kerl und Renate verliebte sich hoffnungslos. Auf dem alten ledernen Sofa — einem Erbstück des Großvaters — das Wolfgang als Bett diente, kam es zu einer heißen Liebesnacht. Dann zog die Truppe weiter, um die Hauptstadt des Rei-

ches zu verteidigen und wenige Wochen später wußte Renate, daß sie schwanger war.
Zuerst verheimlichte sie die ‚Schande' der Familie, eines Tages aber war sie nicht mehr zu verbergen und Renate wurde durch das Chaos der letzten Kriegstage, durch Blut, Tränen und Bombenhagel ins Sauerland gebracht, wo eine der Familie zu Dank verpflichtete ältere Tante sie aufnahm. Dort, zwischen Wäldern und Hügeln, kam ihre Tochter zur Welt.
Eine Rückkehr in die Heimatstadt war ausgeschlossen, solange sie Wolfgang nicht gefunden hatte. Dies war im ersten Wirrwarr der Nachkriegszeit kein leichtes Unternehmen, aber Renate kämpfte sich mit ihrem Mädchen nach Berlin durch, fand die Eltern Wolfgangs, die sie auch aufnahmen, bis er selbst im Winter 1945/46 aus der Kriegsgefangenschaft nach Hause kam.
Da Wolfgang ein Ehrenmann war, wurde geheiratet und eine kleine Behelfswohnung bezogen, beide Elternpaare — glücklich über die Lösung — halfen bei der Einrichtung und auch dabei, daß Wolfgang sein Studium beenden konnte. Dann endlich war es soweit, Wolfgang war Jurist und bekam eine Anstellung beim Senat. Seine Laufbahn schien gesichert.
Renate kümmerte sich rührend um das Kind, versorgte den Mann und eines Tages war sie wieder schwanger, es wurde ein Junge und das Glück schien vollkommen.
Man reiste manchmal zu den Schwiegereltern nach Norddeutschland, bekam dort jede Unterstützung, denn ein junges Ehepaar hatte es schwer in diesen ersten Jahren nach dem Krieg. Einmal finanzierte Renates Vater einen

Urlaub für das junge Paar und damit es ein richtiger Urlaub werden konnte, erboten sich die Schwiegereltern, die beiden Kinder bei sich zu behalten.
Renate und Wolfgang waren einverstanden und fuhren in den Schwarzwald. Als sie zurückkamen, war ihr Junge tot, eine plötzlich aufgetretene Gehirnhautentzündung hatte sein kurzes Leben hinweggerafft.
Wolfgang war verzweifelt, es kam zu bösen Vorwürfen und zum Streit, der nicht ohne Folgen auf das Eheleben blieb. Wolfgang suchte anderweitig Trost und fand ihn bei verschiedenen Frauen, endlich zog er aus der gemeinsamen Wohnung aus, gab seine Beamtenlaufbahn auf und trat in einen Industriebetrieb ein. Von Renate begehrte er die Scheidung, die sie strikt verweigerte, denn sie dachte an ihr Gelöbnis, das sie dem Pfarrer gegeben hatte, „bis daß der Tod euch scheide" in guten und in schlechten Zeiten zusammenzuhalten. Und da sie eine Katholikin nicht nur per Lippenbekenntnis, sondern aus wirklicher Überzeugung war, verweigerte sie die Scheidung.
So lebten sie getrennt von Tisch und Bett, es vergingen drei Jahre, dann reichte Wolfgang die Scheidung ein, die im ersten Anlauf mißlang, nach einem weiteren Jahr aber trotz des Einspruchs von Renate ausgesprochen wurde.
Wolfgang ging seine Wege, sorgte für die geschiedene Frau und das Kind im Rahmen seiner Möglichkeiten und Renate war allein.
Mühsam baute sie sich eine neue Existenz auf, fand Anstellung bei einer Versicherung in einer Großstadt, Anerkennung bei ihren Vorgesetzten und machte eine bescheidene Karriere.

Es blieb nicht aus, daß Männer sich um sie bemühten, vor allem Kollegen, aber Renate blieb standhaft — zu sehr war sie noch im Denken der Kirche und des abgelegten Gelöbnisses verhaftet.

Es war ein lauer Sommerabend, an dem sie sich bereit erklärt hatte, eine kleine Gesellschaft zu besuchen. Was sie erst später erfuhr, war, daß die Gastgeber eigens für sie den jungen Rechtsanwalt Helmut eingeladen hatten. Sie fand ihn sympathisch, faßte Vertrauen zu ihm, trank vielleicht auch ein wenig zuviel, jedenfalls erwachte sie am Sonntagmorgen verwundert darüber, an ihrer Seite einen Mann im Bett zu finden. Und überrascht stellte sie fest, daß sie nicht erbost war, sondern schlich sich leise aus dem Schlafzimmer, um das Frühstück zu bereiten.

Als Helmut unrasiert und notdürftig bekleidet auf den Balkon kam, erwartete ihn ein hübsch gedeckter Frühstückstisch, eine gepflegte und strahlende Renate, die mit keinem Wort auf die Nacht zurückkam, sondern gastfreundlich den Kaffee in die schönen Tassen schenkte. Dann, so sagte sie, hatte sie eine Verabredung und er solle es sich gemütlich machen.

Renate ging in die Kirche und beichtete. Nachdem sie dem Priester alles anvertraut und eine hohe Strafe erwartet hatte, war sie erstaunt, mit welch menschlichen Worten der Geistliche ihr Zuspruch gewährte und sie ohne jede Buße entließ.

Das beschwingte ihre Schritte nach Hause, aber Helmut war gegangen, ein paar armselige Zeilen auf der Vitrine entschuldigten ihn. Renate war ein klein wenig enttäuscht, andererseits war sie froh, jetzt mit ihren Gedanken allein sein zu können. Wenige Tage später rief sie Helmut an, sie trafen sich wieder und dann wieder und es wurde ein Verhältnis daraus.

Schließlich drang Helmut auf eine Heirat, aber soweit war Renate noch nicht, schließlich — so jedenfalls glaubte sie, war sie vor Gott und der Kirche noch immer die Frau von Wolfgang. Helmut nahm das übel und trennte sich von ihr, nachdem es ihm weder mit juristischen, noch mit menschlichen Argumenten gelungen war, Renate zu überzeugen.

Diesmal aber blieb Renate nicht lange allein, sie traf den wesentlich älteren Ingenieur Richard, den sie zärtlich Mucki nannte. Viele gemeinsame Interessen verbanden sie bald eng, nur sexuell klappte es mit Mucki nicht so, wie Renate sich das gewünscht hätte. So fand sie einen Ausweg mit ihrem Kollegen Kurt, den sie jetzt regelmäßig zweimal die Woche besuchte. Natürlich gestand sie ihrem Naturell entsprechend Mucki alles und da er ein erfahrener, weiser Mann war, akzeptierte er die Lösung, zumal sich an ihrer gegenseitigen Zuneigung nichts geändert hatte.

Renate lebte jetzt also mit zwei Männern, wenn auch gegenseitig voneinander getrennt. Und wo der eine ihr menschliche und geistige Befriedigung schenkte, gab der andere ihrem Körper, was er brauchte. Sie lebte sichtbar auf, war ohne religiöse Skrupel und glücklich. Nach wie vor besuchte sie regelmäßig die Kirche und ging zur Beichte, die ihr auferlegten Strafen erfüllte sie gewissenhaft und hatte danach ein reines Gewissen. Ihr Kind war inzwischen erwachsen und fand die Sache „prima", was Renate zuerst schockierte, bis es ihr gelang, sich darüber zu freuen. An diesem Zustand hat sich bis heute nichts geändert.

Der Fall Angelika F.:

Sie war immer das, was man bienenfleißig nannte. Ihre Eltern betrieben eine Autoreparaturwerkstatt, Vater sah immer ölverschmiert aus, Mutter machte die Buchhaltung und nahm die Aufträge entgegen. Natürlich sollte Angelika ‚etwas Besseres' werden und wurde in die höhere Schule geschickt, die sie mit Erfolg absolvierte. Mit dem Einjährigen schied sie aus und begann eine kaufmännische Lehre. Die Männer drehten sich nicht gerade nach ihr um, denn Angelika war keine Schönheit. Außerdem tat sie nicht viel für ihr Äußeres, es war ihr gleichgültig.
Die Eltern beurteilten das Kind nach seinen Leistungen und waren mehr als zufrieden, denn Angelika war fleißig und strebsam. So bekam sie nach Abschluß der Lehre auch gleich eine gute Anstellung in einem großen Kaufhaus, wurde wenig später Substitutin und sicher hätte sie eines Tages irgendwo sogar einen Direktionssessel erklommen, wenn die Eltern nicht der Meinung gewesen wären, Angelika müsse jetzt heiraten.
Sie — die Eltern — hatten dafür Karl vorgesehen. Karl betrieb eine gutgehende Metzgerei, war ein stattlicher Bursche mit einem guten Auskommen und was ihm fehlte, war eine tüchtige Frau, die an seiner Seite die von ihm geschlachteten Schweine für gutes Geld an die reichlich

vorhandene Kundschaft verkaufte. So sah er weniger auf Äußerlichkeiten, als vielmehr auf die Zeugnisse von Angelika und wurde mit deren Eltern handelseinig.
Angelika widersprach nicht und so wurde im Frühjahr geheiratet, sie paßte sich schnell den neuen Umständen an. Manchmal fragte sie sich, warum sie nun die höhere Schule besucht hatte. Aber das Elternhaus war Autorität und Maßstab zugleich, es wußte sicherlich, warum sie nun Karls Frau war.
Natürlich machte Karl auch von seinen ehelichen Rechten Gebrauch, so wurde Angelika schwanger, erst gebar sie einen Jungen — was den Vater stolz machte — und ein Jahr später ein Mädchen, das der Vater verwöhnte.
Das Geschäft ging gut, Karl war ein bekannter Metzger, so kam Angelika kaum zur Besinnung, tagsüber stand sie im Laden, abends und sonntags erledigte sie den Haushalt, um anschließend todmüde ins Bett zu fallen.
Schuld an der ersten Krise war ein Schwein, das Karl geschlachtet hatte und im Wagen liegen ließ. Es war ein heißer Sommertag und Karl hatte sich ein Bier gegönnt, um die Gewitterstimmung herunter zu spülen. Angelika wußte nichts von dem Schwein, so lag es über Nacht im Anhänger des Mercedes und wimmelte am nächsten Tag von Ungeziefer.
Karl tobte, denn das Fleisch war verdorben und gute tausend Mark verloren. Da er niemand anders hatte, an dem er seine Wut auslassen konnte, traf es Angelika und diese mitten ins Gesicht. Das war neu, noch nie passiert und Angelika hatte blaue Augen, nicht von Natur, sondern von Karls Schlägen.

Sie fühlte sich ungerecht behandelt, mußte aber im Geschäftsinteresse zum ersten Male zu Make up greifen und da dies schon der Fall war, legte sie auch ein wenig Rouge auf. Am Abend sprach sie mit ihrem Vater, der sich aber auf die Seite von Karl schlug und sagte, der Mann habe ein eheliches Züchtigungsrecht und zweifellos hätte Angelika vor dem Schlafengehen den Anhänger kontrollieren müssen. Zwar war Angelika damit nicht ganz einverstanden, aber sie schluckte ihren Groll hinunter, die Welt der Männer hatte gesprochen und sie akzeptierte es. Die Dinge liefen wie gewohnt weiter. Und als Karl kam und sagte, jetzt müsse sie die Pille schlucken, denn er wolle keine weiteren Kinder, tat sie auch das und gehorchte.

Ein Jahr verging, die Kinder kamen nacheinander in die Schule und brachten Angelika neue Belastungen, denn jetzt galt es auch noch die Hausaufgaben zu überwachen.

Dann hatte Karl einen Unfall mit dem Wagen, wobei erheblicher Sachschaden entstand. Zwar war er unschuldig und die gegnerische Versicherung kam für die Kosten auf, aber er ärgerte sich doch so, daß er Angelika erneut schlug. Diesmal traf er sie so schwer, daß sie mit einer Gehirnerschütterung zum Arzt und ins Krankenhaus mußte. Karl fand nicht einmal ein Wort der Entschuldigung und an den Vater mochte Angelika sich nicht mehr wenden. So fragte sie sich durch die Schwestern und Ärzte durch, vorsichtig natürlich, um Karl nicht bloßzustellen und was sie erfuhr, stimmte sie nachdenklich, denn — so hörte sie — körperliche Gewaltanwendung war ein Scheidungsgrund.

Zum ersten Male dachte sie nach und überlegte, was sie eigentlich bei Karl hielt und fand dafür wenig gute Gründe, wenn man von den Kindern absah. Ihre Ehe war mehr ein gemeinsam erfolgreich betriebenes Geschäft, als das harmonische Leben zweier Menschen, die sich liebten. Es ist erstaunlich, aber Angelika wachte wie aus einem dumpfen Traum auf und noch vom Krankenhaus aus besuchte sie einen Anwalt, der nach ihren Schilderungen keinen Grund sah, warum ein Gericht ihr die Scheidung verweigern sollte.
Karl traf die Nachricht wie das Bolzengeschoß, mit dem er sonst das Vieh zu erlegen pflegte und ging wie ein wütender Stier erneut auf Angelika los. Zwei kräftige Krankenpfleger brachten ihn gewaltsam zur Vernunft und für Angelika war klar, daß sie nicht mehr in die gemeinsame Wohnung zurückkehren konnte. Sie bat die Eltern — die ihren Entschluß mißbilligten — die Kinder vorübergehend zu sich zu nehmen. Dann, als sie gesundet war, suchte sie sich erneut eine Stelle im gleichen Warenhaus, in dem sie schon gearbeitet hatte.
Die Scheidung ließ auf sich warten und verlief nicht ohne Komplikationen, denn Karl wollte auf ihren Besitz nicht verzichten. Doch Recht blieb nun einmal Recht, gegen den Willen Karls wurde die Ehe geschieden und Angelika erhebliche Ansprüche an das gemeinsam erwirtschaftete Vermögen zugestanden.
Um diesen Pflichten nachkommen zu können, mußte Karl Schulden bei der Bank machen, was ihn veranlaßte, Angelika gegenüber die wüstesten Drohungen auszustoßen. Dies wiederum versetzte diese in Angst und sie ver-

ließ die Heimatstadt und ging nach Hamburg. Mit einem kleinen Kapitalpolster ausgestattet und den beiden Kindern an der Hand kam sie dort an, wo sie hoffte, bald eine neue Stelle zu finden. Im Interesse der Kinder wollte sie halbtags arbeiten, aber für eine solche Zeit wollte sie niemand haben, so daß sie auf andere Pläne ausweichen mußte.

Das Geld reichte zum Erwerb eines mittleren Lokals, dem eine große Wohnung angeschlossen war, sie nannte den Laden „Eulenspiegel“ und wartete auf Kundschaft. Lag es nun an der Lage oder lag es am Bier, der „Eulenspiegel“ konnte nicht leben und nicht sterben, es reichte hinten und vorne nicht.

So mußte Angelika nach neuen Erwerbsquellen suchen und vermietete zwei Zimmer ihrer Wohnung an Studenten. Der eine — Alf — verstand sich prächtig mit ihren Kindern, studierte Maschinenbau im achten Semester und konnte wunderbare Geschichten erzählen. So geschah es, daß Alf oft abends in der Kneipe saß und wenn es not tat, auch schon mal half. Der „Eulenspiegel“ schien ihm Spaß zu machen und da er Geschmack hatte und zudem handwerklich geschickt war, wurde aus dem „Eulenspiegel“ so nach und nach ein kleines Schmuckkästchen, ein Geheimtip für Hamburgs Schickeria.

Angelika war Alf dankbar, das Geschäft ging jetzt etwas besser, man kam gerade so durch. Alf‘s unaufdringliche Art machte ihr die Sache leicht, nie wurde er aggressiv, nie stellte er Forderungen und wann er eigentlich studierte, blieb ihr ein Rätsel. Aber da er aus vermögendem Hause stammte, kümmerte sie dies auch nicht weiter, sondern hoffte, der Zustand möge niemals enden. Manchmal spielte sie mit dem Gedanken, mit Alf zu schlafen, aber der Altersunterschied hielt sie noch davor zurück. Dann kam Alf mit dem Vorschlag, eine kleine Bühne zu bauen — ein Brettl, wie man das sonst in München nannte — um dadurch dem „Eulenspiegel" noch mehr Attraktion zu geben. Und da er immer machte, was er dachte, stand zwei Tage später die kleine Bühne und ein Leihflügel im „Eulenspiegel" und er wurde zur Experimentierbühne für all die unentdeckten Künstler, die ans Rampenlicht drängten. Sie traten für ein warmes Essen und ein Bier auf, bezahlen hätten sie das Ganze sowieso nicht können. Das lockte etwas mehr Publikum an, brachte aber auch höhere Ausgaben mit sich und wenn Alf nicht hinter dem Flügel gesessen und die einzelnen Auftritte begleitet hätte (was konnte er eigentlich nicht?), wäre auch dieses Experiment ein Verlustgeschäft geworden.

Zum ersten Mal nahm die Presse von Angelikas „Eulenspiegel" Notiz, als Gert Fröbe dort auftrat und Morgenstern vor dem überfüllten Auditorium rezitierte, ein Umstand, der Angelika so glücklich machte, daß sie Alf in die Arme schloß und ihm die Türe zu ihrem Schlafzimmer öffnete. Es wurde eine rauschende Liebesnacht und wenn Angelika jemals vom Glück geträumt hatte, dann mußte es wohl dieses sein.

Am nächsten Morgen war sie eine andere Frau, sie wurde eitel, ging zum Friseur und kaufte sich ein paar schicke Sachen. Dann machte sie Pläne. Den Axel von Ambesser wollte sie engagieren, den Erich Kästner, den Wolfgang Neuss und den Dieter Hildebrandt. Alf fand das alles gut, setzte sich hin und schrieb die ersten Briefe. Und da jetzt auch die Hamburger Journalisten den „Eulenspiegel" frequentierten, kam er gut ins Gespräch und „die Angelika" wurde so etwas wie ein Original.

Die Schauspieler der Hamburger Theater und aus den Fernsehstudios gründeten bei ihr einen Stammtisch und wer auf der Durchreise im traditionellen Bellevue schlief, vergaß nicht im „Eulenspiegel" einzukehren. Da Angelika eine grundsolide Geschäftsfrau war, bezahlte sie jetzt auch Gagen für die auftretenden Künstler und so blieb ihr trotz höherem Umsatz kaum mehr Gewinn als zuvor, die Sorgen blieben.

Sie wurden gemildert durch Alf, der sie liebte und immer dann zur Stelle war, wenn die Sorgen sie niederzudrücken drohten. Er war inzwischen im vierzehnten Semester Maschinenbau und das Examen immer noch nicht in Sicht. Eines mußte er auf der technischen Universität wohl gelernt haben — die Analyse. Die Bühne — so sagte er — verschlinge zuviel Geld, sie müsse weg. Und da er Praktiker war, schlug er auch gleich einen Umbau des Lokales vor und einen Wechsel der Brauerei. In der Hinterhand hatte er eine Provinzbrauerei, die nach Hamburg drängte und bereit war, gutes Geld im „Eulenspiegel" zu investieren.

Angelika hörte sich das alles in Ruhe an, sprach mit dem Brauerei-Direktor, mit dem Architekten und rechnete. So kam sie zu dem Schluß, daß Alf recht hatte. Der „Eulenspiegel" wurde für einige Tage geschlossen und umgebaut. Die Neueröffnung stand unter einem guten Stern, Rundfunk und Presse hatten Angelika kräftig geholfen, selbst die „Nordschau“ des Fernsehens kam mit einem Team und kurbelte fleißig drauflos, ein Wunder geschah, der „Eulenspiegel“ war jeden Abend bumsvoll. Zum ersten Male rollte der Rubel unaufhörlich, der „Eulenspiegel“ wurde zum Treff von Studenten und Künstlern, von Journalisten und Politikern. So etwas hatte Hamburg noch nicht erlebt.

Mit zunehmendem Wohlstand wurde Angelika immer freier, sie entdeckte das Theater und das Fernsehen, sie las Bücher und konnte sich vieles erlauben, was früher höchstens ein Traum sein durfte. Filmproduzenten luden sie zu Premieren, sie fuhr nach Salzburg, Bayreuth und München zu den Festspielen, machte einen Sprung nach Bad Segeberg und später auch schon mal einen Sprung nach New York, um die „Hair“-Premiere zu erleben, und da Reisen bildet, war sie bald ein wandelndes Auskunftsbüro in Sachen Kultur.

Bei einem weiteren Sprung nach Bad Hersfeld geschah es dann — sie lernte Hans-Dietrich kennen und als dieser sie nach der Premiere zum Abendessen einlud, sagte sie einfach „ja“ und gehörte ihm für die Nacht. Zurück in Hamburg, erzählte sie es Alf, schließlich hatte er ein Recht darauf. Alf war betrübt, aber er lebte viel zu lange mit ihr zusammen, um nicht zu wissen oder doch zu hoffen, daß dies ein Strohfeuer war, das bald abbrennen würde. Er behielt recht, doch nach Hans-Dietrich kam Günther und nach Günther Karl-Heinz, nach Karl-Heinz der schöne Jochen, immer waren es Strohfeuer und immer verbrannten sie. Aber sie gaben Angelika ein ungeheures Bewußtsein von Freiheit und Glück, während

Alf langsam dem zwanzigsten Semester Maschinenbau zusteuerte, immer noch als Untermieter bei Angelika hauste, sich mit seinen Eltern überwarf, die Dreißig überschritt und das Bedürfnis nach eigenem Heim und Familie in sich aufkeimen spürte.
Er redete mit Angelika darüber und diese fragte naiv, ob er ein bestimmtes Mädchen im Auge habe. Das verblüffte Alf, denn natürlich hatte er an Angelika gedacht, aber, als er ihr dies sagte, lachte sie nur, denn für nichts in der Welt war sie bereit, die einmal gewonnene Freiheit und das Leben — dieses wundervolle, ungebundene Leben — wieder aufzugeben. Alf, wie immer, blieb auch jetzt vernünftig. Längst war die große Altbauwohnung mit erlesenem Geschmack eingerichtet worden und er hatte sich so an Angelika und ihre Capricen gewöhnt, daß er beides nicht mehr missen wollte. So arrangierten sie sich stillschweigend, indem sie einfach nicht mehr über eine Heirat sprachen. Manchmal erlaubte sich Alf eine kleine Liaison, da er aber im Grunde seines Herzens viel zu träge und von Angelika schon viel zu abhängig war, blieb es bei gelegentlichen Techtelmechteln.
Dann kam die Steuer und verlangte einen erheblichen Batzen Nachzahlung, und da der Geschäftsumfang schon so groß geworden war, daß man einen Steuerberater für die Bilanz zu Hilfe zog, gab dieser den wohlmeinenden Rat, Schulden zu machen, um so der drückenden Steuerlast durch entsprechende Verluste zu entgehen.
Angelika — jetzt schon ganz Unternehmerin — ging begeistert auf den Plan ein, obwohl Alf sie warnte. Für teures Geld erwarb sie am Gänsemarkt — mitten im

Zentrum Hamburgs — einen tiefen, alten Keller und ließ ihn ganz im englischen Stil ausbauen, darauf hoffend, dort einen neuen Kundenkreis dank ihrer immer mehr wachsenden Popularität zu gewinnen. Sie wußte, was sie den Hanseaten schuldig war.

Es wurde ein wunderschönes Lokal mit gediegenen Möbeln und Kellnern im Frack, ein teurer Koch wurde engagiert, bereit, Gourmets köstliche Speisen zu bereiten. Was ausblieb, waren die Gäste — trotz des vertrauenerweckenden Namens „Neuer Eulenspiegel". So saß Angelika zumeist einsam am wertvollen Nußbaumstammtisch, der Koch mit seinem „Hummer à la Angelika" hinter seinem Herd und die Kellner zupften sich behutsam die Stäubchen vom Frack. Der „Neue Eulenspiegel" war und blieb ein Reinfall, Angelika sah es ein und schloß den Laden. Verluste hatte sie jetzt für die nächsten Jahre genug vorzutragen.

Das brachte sie Alf wieder näher und manchmal erwog sie in Gedanken, seinem Heiratsangebot doch näherzutreten. Dann aber kam ihr das unfair vor und sie stürzte sich mit Elan und ungebrochenem Willen wieder auf ihr ursprüngliches Lokal, das Gott sei Dank unter dem Abenteuer keinen Schaden genommen hatte, sondern sich nach wie vor großer Beliebtheit erfreute.

„Schaden macht klug" galt jetzt für Angelika als weitere Erfahrung und es spricht für sie, daß sie an dem großen Verlust und der Pleite nicht resignierte, sondern energisch daran ging, die Vergangenheit aufzuräumen.

Aus dem einst unansehnlichen, häßlichen Entlein war Angelika inzwischen eine Frau geworden, deren innere

Schönheit und ihre Einstellung zum Leben sich auch in ihrem Äußeren ausdrückte. Viele warben um sie, aber es machte ihr mehr Spaß, sich ihre Freunde selbst zu suchen, als daß sie bereit gewesen wäre, dafür auch nur ein Quentchen ihrer Unabhängigkeit und ihrer Selbständigkeit zu opfern.

Alf gehört zu ihr, wie zwei Menschen nach so langer Zeit nur zusammengehören können. Er spielt eine wichtige Rolle in ihrem Leben, eine Art ruhender Pol, vor dem sie kein Geheimnis hat und mit dem sie jedes Problem besprechen kann. Sie kann sich nicht vorstellen, daß dies irgendwann einmal anders sein könnte, obwohl keine körperliche Beziehung zwischen ihnen besteht. Angelika hat erreicht, was eine Frau erreichen kann, das Recht auf zwei Männer.

Der Fall Julia G.:

Aufgewachsen war sie auf einem Dorf, wohin die Mutter durch die Kriegswirren verschlagen worden war. Der Vater war im Krieg gefallen und die Mutter hatte, als resolute und zielstrebige Frau, bald wieder geheiratet. Schon aus Sicherheitsgründen war ihre Wahl auf einen Beamten gefallen, der ihr einen sicheren Lebensabend versprach. Leider verstand er sich mit Julia kaum, so kam es zu pausenlosen Spannungen, zu unnötig harten Strafen, Julia war das Elternhaus verleidet. Dazu bedrückte sie die Enge der dörflichen Gemeinschaft, mit vierzehn brannte sie zum ersten Mal durch.

Von der Polizei wurde sie in Ulm eingefangen und wieder nach Hause gebracht, das Vormundschaftsgericht schaltete sich ein, sprach mit Mutter und Stiefvater, die schließlich ihre Zustimmung gaben, daß Julia in ein Erziehungsheim eingewiesen wurde. Dort verbrachte sie fast zwei Jahre, dann war sie sechzehn und brannte erneut durch.

In Hamburg suchte sie Zuflucht in der Unterwelt und da sie ausgesprochen schön war, fiel sie schnell Zuhältern auf der Reeperbahn in die Hände, die sie auf den Strich schicken wollten. Noch aber war ihr Selbstbehauptungswille zu stark, als daß sie sich so weit herabwürdigen ließ. Mit einem „Fleppen" (einem falschen Ausweis) schlug sie sich nach Hannover durch, verdingte sich als Bedienung in einem Nacht- und Nepplokal, was zwar auch nicht unbedingtes Honigschlecken war, aber ihr immerhin soviel Geld einbrachte, daß sie sich ein kleines Apartment leisten konnte.

Die Kundschaft des Etablissements war das, was sich bei Tage als beste Gesellschaft bezeichnete, bei Nacht aber wollten sie alle dasselbe, eine Tatsache, die der Besitzer durch falsche Versprechungen und entsprechend hübsches Personal in Aussicht stellte.

Natürlich gab es manchmal Stunk und wenn die Polizei wegen einer unangemessen hohen Rechnung und entsprechender Prügeleien mitunter eingreifen mußte, wurde Julia durch eine Hintertür auf den dunklen Hof geschleust, wo sie hinter Mülltonnen verborgen wartete, bis die Gefahr vorüber war. Da sie jung und leichtsinnig war, vertraute sie auf ihr Glück und ihre falschen Papiere.

Tatsächlich hielt sie das zwei Jahre aus, hatte sich ein paar Mark gespart und mit diesen verschwand sie einfach eines Tages sang- und klanglos.
In Frankfurt tauchte sie wieder auf und da sie das „Milieu" kannte, war es für sie eine Kleinigkeit, in den „Nightclubs" der Kaiser-, Taunus- und Moselstraße immer wieder einen Job zu finden, mal war sie Barfrau, mal Tisch-„Dame", mal Animiermädchen und manchmal auch nur Spülerin. Um nicht entdeckt zu werden — vor der Polizei hatte sie einen Heidenrespekt und außerdem keine Lohnsteuerkarte — wechselte sie die Arbeitsplätze häufig, nie blieb sie länger als eine Woche, aber sie verdiente Geld und das war für sie wichtig.
Auch die Wohnung mußte sie fast jeden Monat wechseln, denn irgendwann einmal bestand jeder Vermieter auf einer polizeilichen Anmeldung und gerade diese fürchtete Julia. Als sie schon fast achtzehn war, kannte sie vom Leben mehr, als ihr lieb war und natürlich hatte sie auch schon mit ein paar Männern geschlafen, ohne daß ihr das viel gesagt hätte.
Ein Student verliebte sich endlich in sie und schleppte sie mit auf seine Bude. Dort konnte Julia illegal wohnen und der Junge fragte nicht viel danach, womit sie ihr Geld verdiente. So führte sie ein paar Monate lang ein Doppelleben — tagsüber bei den oberen, nachts bei den unteren Zehntausend, dann wurde sie achtzehn. Irgendwann wurde sie doch von der Polizei aufgegriffen und da half dann weder der falsche Ausweis noch der Student, sie wurde beide los und „per Schub" in die Heimat befördert. Die Mutter wußte nicht, ob sie sich freuen oder

böse sein sollte. Schließlich gab der Stiefvater den Ausschlag, er besorgte Julia ordnungsgemäße Papiere, drückte ihr zweihundert Mark in die Hand und meinte, sie sei nun alt genug, selbst für sich zu sorgen. Julia reiste nach Düsseldorf, ausgerüstet mit Lohnsteuerkarte und richtigen Papieren, machte sie gar nicht erst den Versuch, den im „Heim" erlernten Beruf einer Schneiderin auszuüben, sondern ging dahin, wo sie sich auskannte, ins „Karussell." Der Boß war ein gewisser Karl Stein, ein bißchen fett und ein bißchen gemein, aber das gehörte wohl zu dem Geschäft. Mit sicherem Blick erkannte er, daß Julia trotz ihrer achtzehn Jahre schon den gewissen „Stallgeruch" hatte, mit dem sich etwas anfangen ließ. Prüfend musterte er ihre Figur und engagierte sie als „Tänzerin", was nichts anderes bedeutete, als daß Julia sich jetzt jede Nacht splitterfasernackt ausziehen mußte, um auf einem Podest, das sinnigerweise als Bühne bezeichnet wurde, „lebende Bilder" darzustellen. Wenn sie dann noch mit den Gästen tanzte und der und jener mal eine Flasche Champagner ausgab, konnte sie in einer Nacht schon ihre hundert Mark verdienen und das war ein Haufen Geld.

Jetzt, wo Julia sehnlichst auf die Polizei wartete, um endlich einmal die Wirksamkeit ihres echten Ausweises auskosten zu können, blieb diese aus, denn Karl Stein hatte nicht nur gute Beziehungen, sondern achtete auch darauf, daß der Nepp in Grenzen blieb.

Julia nahm sich ein kleines Zimmer und einen der Kellner des „Karussell", damit auch ihr Herz nicht ganz alleine blieb. Der Kellner hieß Rolf und verdiente nicht schlecht, aber er spielte, und das um hohe Beträge. Und da er schlecht spielte, warteten sie gemeinsam immer sehnsüchtig auf den nächsten Lohn; so troff die Zeit dahin.

Dann wurde Karl Stein geschieden und gab aus diesem Anlaß eine große Fête im „Karussell", wobei er Julia erstmals mit anderen Augen als denen eines Unternehmers sah. Kurzerhand nahm er sie zu sich in seine etwas zu pompöse Wohnung, warf den Kellner Rolf hinaus und hängte ihr ein paar teure Pelze um den Hals, die seine Verflossene hatte hängen lassen.

Julia erschien dies der Gipfel menschlichen Glücks und Wohlstands, so übersah sie den Embonpoint und die vulgäre Sprache, war die Geliebte des Chefs und die anderen Mädchen respektierten sie. Dies bedeutete nicht, daß sie nicht weiterhin lebende Bilder zu stellen hatte, denn Karl Stein wußte, was er seinem Publikum schuldig war und er übersah auch großzügig, wenn ein Gast bei Julia zudringlich wurde. Sein Gewissen mußte er deswegen nicht beruhigen — er hatte keines.

So war alles in bester Ordnung, bis Harry auftauchte. Eines Tages war er da, mauschelte mit dem Chef, ging mit großen Gesten durchs Lokal und um die kleine Bühne herum, sprach von Wolkenstores und Storys, von der „ganz großen Show", die er abzuziehen versprach, von Image und von höheren Umsätzen; Karl Stein trabte mit glänzenden Augen hinter ihm her, rieb sich heimlich die Hände, nahm dann Papier und Bleistift, kalkulierte, verwarf, rechnete noch einmal, bestellte zwei Chevas Regal, womit jeder wußte, daß er zufrieden war. Julia mußte Harry die Hand geben und sich zu den beiden setzen, dabei erfuhr sie, daß Harry ein „ganz großer“ Choreograph und Regisseur sei. Nunmehr würde sich alles ändern, das „Karussell“ würde in Zukunft kein gewöhnliches Nachtlokal mehr sein, nein, Harry würde ein Programm einstudieren, eine „Symphonie der Nacht“, ein Traum in Plüsch und Pleureusen und Tüll, ja, und Julia sollte raten, wer der Star der Revue sein würde. Erraten! Sie natürlich. Zwanzigtausend wollte Karl Stein in die Chose stecken und Düsseldorf würde kopf stehen. Vor dem Eingang sah Karl Stein im Geiste schon einen livrierten Portier, der bedauernd die Gäste wegen Überfüllung abwies.

Natürlich fragte Harry, ob Julia tanzen könne und sie sagte ja und meinte Jitterbug, Tango, Boogie-Woogie und Rock ‘n Roll, das war das, was gerade so im „Karussell“ gefragt war.

Harry schluckte seine Meinung trocken runter, schließlich war Julia die Lieblingsfrau des Bosses und auch er mußte sich nach der Decke strecken. Die Proben begannen zwischen Handwerkern und abgestandenen Gläsern, Harry mühte sich, Julia die Grundbegriffe dessen, was er sich unter Tanz vorstellte, beizubringen. So hörte sie etwas von Pas de Deux, Cancan mit anschließendem Spagat, Czardas, Mazurka und anderen Ausdruckstänzen und es machte ihr Spaß, das alles zu lernen. Und wenn sie anfangs auch noch etwas steif und stumm in der Gegend herumstand (schließlich war sie bisher nur als lebendes Bild aufgetreten), so änderte sich das unter den gefühlvollen Händen Meister Harry‘s schnell, wofür sie ihm dankbar war und ihm auch ihre Sympathie nicht verhehlte.

Harry wiederum blieb zurückhaltend, er wußte, was er dem Boß schuldig war und verschob seine Gefühle bis nach der Premiere. „Am erfolgreichsten ist der Erfolg" war seine Devise, und einen Erfolg hatte er dringend nötig.

Die Premiere wurde ein durchschlagender Erfolg, tatsächlich hatte Düsseldorf so etwas noch nicht gesehen. Die Boulevardpresse stürzte sich auf Julia, denn schließlich war sie auch noch fotogen und nicht prüde, ihr Bild prangte in den Blättern, dann auf den Litfaßsäulen und schließlich auf den Titelseiten großer Illustrierter. Dabei blieb Julia bescheiden und dem „Karussell" treu, wenn sie jetzt auch Karl Stein verlassen hatte und mit Harry gemeinsam einer großen künstlerischen Zukunft entgegenträumte.

Sie bekamen beide gute Angebote von anderen gleichgelagerten Häusern, aber da der Erfolg im „Karussell" anhielt und Karl Stein mit Gagenerhöhungen nicht geizte, bestand kein Anlaß, den Ort des Geschehens zu wechseln.

Julia mußte sich auch nicht mehr mit jedem Gast abgeben, eignete sich ‚gepflegte' Umgangsformen an, verstand anziehend zu plaudern und so blieb es nicht aus, daß mancher ernstgemeinte Antrag an sie herangetragen wurde.

Aber inzwischen war sie mit Harry zusammengezogen, hatte ein gutes Verhältnis zu Karl Stein und war des Lebens zufrieden.

Drei Jahre gingen ins Land, das „Karussell", Karl Stein, Harry und Julia waren ein gutes Gespann und als die Zeiten dank Kolle freier wurden, ließ Harry sich eine neue „Show" einfallen mit dem vielversprechenden Titel „Symphonie der Liebe" und wieder war Julia der Star und die ganze Sache ein großer Erfolg.

Während Julia — reine Gewohnheitssache — mit einem Premierenbesucher ein Fläschchen trank, mußte Harry einen schlechten Tag gehabt haben, eifersüchtig stürzte er sich auf den guten Gast und verpaßte ihm eine Tracht Prügel. Ein gebrochenes Nasenbein des Gastes und damit verbundene schlechte Presse waren die Folgen, Karl Stein schmiß Harry hinaus.

Trotzig erfüllte Julia ihren Drei-Monats-Vertrag, dann ging auch sie zu Harry, der inzwischen in Frankfurt Fuß gefaßt hatte. Die Liebe war groß und Harry verdiente nicht schlecht, Julia wurde schwanger. Ein Mädchen kam, sie nannten es Madeleine, genauso wie den Club, in dem Harry arbeitete.

Julia drängte auf Heirat, aber Harry hatte Bedenken, noch glaubte er eine Familie nicht ernähren zu können, so lebte man weiter zusammen und nach kurzer Zeit ging auch Julia wieder arbeiten.

Wenn sie morgens ins Bett kamen, sprachen sie von einer bürgerlichen Zukunft und Harry versprach, sich umzusehen. Tatsächlich bekam er einen Job als Vertreter und war sogar erfolgreich. Und als schließlich Julias Mutter auftauchte und sagte, so ginge es nicht weiter, wurde Hochzeit gefeiert. Julias Mutter richtete die Wohnung ein, die kleine Madeleine blieb jetzt zu Hause, das Glück schien

vollkommen. Julia aber, im Nachtbetrieb großgeworden, fehlte die Unterhaltung. So ging sie, wenn Harry auf Reisen war, manchmal abends aus und da sie sich in Frankfurt auskannte, traf sie viele alte Freunde. Natürlich stellten ihr davon auch einige nach, aber sie blieb hart und treu, solange bis Harry's Eifersucht zur ersten ehelichen Schlägerei führte. Harry verbot ihr, das Haus zu verlassen, wenn er unterwegs war und rief täglich zu unbestimmten Zeiten an, um sie zu kontrollieren.
So war es schon fast ein Glück, als Julia bei einem Behördenbesuch ‚ihren' Studenten wiedertraf, der inzwischen als Assessor bei einer Behörde gelandet war. Um nichts zu gefährden, lud sie ihn zu sich nach Hause ein und wie schon früher erzählte er ihr von Kunst und Malerei, von Literatur und Theater. Julia sog jedes seiner Worte in sich auf und hatte auch keine Skrupel, wieder mit ihm zu schlafen.
Sie erfuhr, daß er verheiratet war, seine Frau aber nicht die Hälfte des Verständnisses hat, das Julia ihm entgegenbrachte und natürlich hatte auch Julia ihm von Harry und dessen Eifersucht erzählt. Trotzdem wollten sie voneinander nicht lassen, so ergänzten sich Student und Harry in dem Bemühen, Julia Glück zu schenken. Sie genießt es noch heute seit bald fünf Jahren, weiß genau, daß sie mit Harry nicht darüber sprechen kann, was sie manchmal betrübt, aber trotz Kind und Nachbarschaft kann sie sich einen anderen Zustand gar nicht mehr vorstellen. Sie braucht ihre beiden Männer, wo der eine ihr Sicherheit und Familienglück schenkt, findet sie beim anderen geistigen Ausgleich und Zuspruch.

Der zweite Mann in der Ehe

Die Entscheidung der Frau, teilweise fehlendes Verständnis oder auch körperliche Befriedigung bei einem zweiten Mann zu suchen, ist angesichts unserer gesellschaftlichen Ist-Zustände heute noch nicht ohne Problematik.
Zu selbstverständlich erscheint es der Männerwelt, daß die Frau nicht nur Haushalt und Kinder versorgt, sondern auch noch einem Beruf nachgeht.
So lebt die Frau in ständiger Angst, etwas falsch zu machen. Wohl gesteht man ihr einen gewissen Grad an Emanzipation — an Gleichberechtigung — zu, doch andererseits verlangt man von ihr ehe- und sittengerechtes Verhalten. Dies treibt sie zuerst in eine seelische, später oft in eine körperliche Krise. Krankheiten treten ohne Ursache auf, verbittert, launisch schikaniert sie ihre Umwelt, ohne sich selbst darüber im klaren zu sein, worin das alles seine Gründe haben mag.
Sie kämpft gegen solche Wallungen an, glaubt oft an das frühzeitige Eintreten der Wechseljahre, bekommt Angst vor dem Alter.
Hat sie sich dann aber doch zu einem zweiten Mann entschlossen und den ersten Versuch gemacht, sich auch hier gleichberechtigt an die Seite und das Verhalten des Mannes zu stellen, so sollte sie sich keinesfalls von ihrer Umwelt — weder von der Familie, noch von der besten Freundin — beeinflussen lassen.

Die Frau muß wissen, daß sie Recht hat. Dieses Wissen kann sie nur aus ihrer Lebenserfahrung, ihrem Werdegang und dem Verhalten der Männer ihr gegenüber beziehen.
Noch herrscht weitverbreitet die Meinung, Hausfrau zu sein, sei kein Beruf. Glücklicherweise hat der Gesetzgeber dieser unsinnigen Vorstellung schon einen Riegel vorgeschoben. Das Recht der Hausfrau auf Entlohnung ihrer Arbeit, wie auch der Zugewinn einer gemeinsam geführten Ehe sind längst geltendes und gehandhabtes Recht.
So sind es eher die unheilverkündenden Konsequenzen, die die Ehefrau am Anfang davon abhalten, sich neben dem Ehemann einen zweiten Partner zu suchen.
Zu schnell setzt sie sich dem Vorwurf aus, eine Hure zu sein, ein Flittchen, das es nicht wert ist, daß man es weiter in seinem Hause behält. Klarstellung: Beide Vorwürfe sind ein gegebener Scheidungsgrund und wer solche Vorwürfe als Mann erhebt, muß bei einem vernünftigen Richter damit rechnen, Unrecht zu bekommen.
Auch die Nymphomanie — also der krankhaft gesteigerte Geschlechtstrieb bei Frauen — sind kein Anlaß für ein Gericht, der Frau deswegen andere Verdienste in der Ehe nicht zuzugestehen.
Aber es muß nicht Nymphomanie sein, die die Frau in die Arme eines zweiten Mannes treibt. Warum sucht sie sich überhaupt einen zweiten Mann? Was sind die Gründe dafür, aus einer einmal für richtig gehaltenen Gemeinschaft auszubrechen?
Nun, es beginnt meistens mit Kleinigkeiten. Hier sind einige Gründe aufgeführt, die in den meisten Fällen zu neuen Situationen im Zusammenleben führen.

a) Der müde Ehemann. Natürlich sind die ersten Wochen einer Ehe die schönsten. Das scheinbar höchstmögliche Glück ist erreicht, die Verbindung zweier Menschen in der ehelichen Gemeinschaft. Doch jede Verbindung, sei sie nun aus ideellen oder materiellen Gründen zusammengekommen, wird irgendwann zur Gewohnheit. Trifft gar ein Kind ein und die Mutter kann finanziell dem jungen Haushalt nichts mehr beisteuern (wie es die Norm ist), beginnt die Verantwortung für den Mann als jetzt alleiniger Ernährer zur drückenden Bürde zu werden. Möglicherweise nimmt er steigende Belastungen auf sich, um den früheren Lebensstandard zu halten. Das führt zu schnelleren Ermüdungserscheinungen, die Frau wird für ihn zu einem Objekt, das sich ausschließlich seinen Wünschen zu fügen hat und ihm dieselben von den Augen abzulesen hat. Diese Wünsche sind zumeist auf sein Wohlbefinden und die Wiederherstellung seiner Arbeitskraft abgestellt. Nachlässigkeiten schleichen sich ein, der Mann läßt sich gehen, wird unaufmerksam und brummig, niemand kann ihm mehr etwas recht machen, er wird zum Ehemuffel.

Verbittert denkt er daran, wie gut es ihm doch vor der Ehe ging, als er sein Geld noch für sich alleine ausgeben konnte, er trauert dem einst so geliebten Stammtisch und der Kegelbahn nach und sieht voll Neid, wie die unverheirateten Kollegen ihr Leben genießen. Soweit gekommen vernachlässigt er seine ehelichen Pflichten, das Zusammensein mit der Frau bereitet ihm kein Vergnügen mehr und sie spürt es.

Natürlich bleibt das auch auf die Frau nicht ohne Wirkung, der eheliche Dialog beschränkt sich auf ein Minimum, wird das Gespräch zwischen zwei Partnern, die gemeinsame Probleme miteinander bewältigen ‚müssen', anstatt gemeinsam an Lösungen zu arbeiten. Je nach Veranlagung werden auch die Kinder in diese Auseinandersetzungen mit einbezogen.

b) Die Erziehung der Kinder ist in vielen Fällen eine weitere Gefahrenquelle für eine Ehe. Natürlich streben alle Eltern danach, ihren Kindern die bestmögliche Ausbildung zukommen zu lassen, Staat und Gesellschaft haben in diesem Zusammenhang tiefgreifende Maßnahmen veranlaßt, die jedem begabten Kind ein Höchstmaß an Bildung, seiner Begabung entsprechend ermöglicht.

Aber gerade hier scheiden sich die Geister. Ob ein Kind die höhere Schule besuchen oder ein Handwerk erlernen soll, hängt vom praktischen und realistischen Denken der Eltern ab. Handelt es sich um einen Jungen, versteifen sich meistens die Fronten. Der Vater sieht ihn lieber als seinen ‚Nachfolger' im Geschäft oder in der Laufbahn. Wie aber auch immer, in nicht wenigen Fällen ist nicht nur die Frage der schulischen Bildung ein möglicher Grund für Auseinandersetzungen, sondern auch das Eingreifen in die Erziehung von dritter Seite, von den Großeltern (verwöhnen!), den Tanten, Onkeln und Paten. Zuviel Zündstoff sammelt sich im Laufe von Jahren zu diesem Problem an, um nicht eines Tages Gegenstand ehelicher Auseinandersetzungen zu werden.

c) Das Auseinanderleben aus Gründen verschieden gelagerter Interessen, die bei der Eheschließung noch nicht zu erkennen waren, ist ein weiterer wichtiger Grund für Auseinandersetzungen und für das Einschlagen verschiedener Wege für die fernere Lebensgestaltung. Ist der eine Ehepartner möglicherweise an der Teilnahme am kulturellen Leben interessiert und der andere Ehepartner für ein beschauliches Heimleben, können Konflikte nicht ausbleiben. Denn jeder Partner ist ja daran interessiert, dem anderen seinen Lebenskreis und seine Auffassungen davon näherzubringen. Natürlich wird man versuchen, sich miteinander zu verständigen, aber auf längere Sicht gesehen, wird kein Partner dauernd auf seine Neigungen verzichten wollen.
Dies muß zwangsläufig dann zu Unstimmigkeiten führen, wenn das Niveau der Ehepartner nicht für beide Teile tragbare Kompromisse ermöglicht.

d) Der Ausbruch aus dem Ehealltag, aus dem ewigen Einerlei, den sich immer wiederholenden gleichen Abläufen, ist ebenfalls ein wichtiger Grund für Verstimmungen. Schon ein völlig unvorhergesehener, ungeplanter Stadtbummel und der dabei genossene Schoppen Wein beschwören Konflikte herauf, wo aus kleinen Ursachen größere Wirkungen entstehen (*ich* kann ja auch nicht einfach in eine Kneipe gehen!). Der kurzentschlossene Kinobesuch (nur um für Stunden ein anderes Erlebnis zu haben) oder die überraschende Reise zu Eltern oder Freunden können schwerwiegende eheliche Auseinandersetzungen heraufbeschwören (du gehst mit *meinem* Geld um, als wäre ich Rockefeller).

Ein solcher Ausbruch aus dem Ehealltag wird nicht selten als Verrat an der „gemeinsamen Sache“ angesehen, führt zu Vorwürfen, Streitigkeiten, Ungerechtigkeiten.

Die verheiratete Frau und Nur-Hausfrau, deren Lebenskreis schon durch ihre Tätigkeit viel kleiner ist, als der des Mannes, fühlt sich recht vernachlässigt und benachteiligt. Dafür können ihr auch die Massenmedien keinen Ausgleich bieten. So entschließt sie sich zuerst zu Heimlichkeiten, indem sie einfach nicht mehr über ihre Ausbrüche aus dem Alltag ‚beichtet‘, bis sie sich entschließt, diesem für sie unhaltbaren Zustand eine Ende zu machen. Sie begehrt Rechte, die ihr zustehen, Rechte, die vom Mann gemeinhin nicht anerkannt werden.

Die Krisensituation spitzt sich zu und es genügt ein kleiner Funke, um die Frau einem zweiten Manne in die Arme zu treiben.

e) Das Umworbensein durch einen anderen Mann gibt der Frau ihre Sicherheit zurück, das Gefühl, noch begehrt zu sein, ist für sie wie ein neuer Lebensquell, aus dem sie Kraft für den Alltag schöpft und sie die Gewohnheit — die größte Gefahr für eine Ehe — ertragen läßt.

Und da niemand vollkommen ist, wird dieses Gefühl des Umworbenseins durch einen anderen Mann zwangsläufig Kritik am ‚eigenen' Mann und Vergleiche herausfordern. Wie ist der andere? Frauen sind in ihrer Kritik nüchterner und realer als Männer, sie lernen schneller unterscheiden zwischen Schein und Wirklichkeit. So der Ehemann Glück hat, fällt die Beurteilung der Frau zu seinen Gunsten aus. Andernfalls ist die Auseinandersetzung nicht zu vermeiden. Frauen tragen nicht gerne Geheimnisse mit sich herum, sie werden davon seelisch stärker belastet als der Mann. Also werden sie die Wahrheit eines Tages auf den Tisch legen, werden bekennen und Stellung fordern.

Auch hier ist es eine Frage des Niveaus der Eheleute, wie eine solche Krise gebannt werden kann.

f) Die zweite Frau im Leben des Mannes kommt bestimmt, so sicher wie der nächste Winter. Viele Männer mögen diese These von sich weisen, das sind Männer, die sich selbst gegenüber nicht ehrlich sind oder Meister der Unterdrückung ihrer Gefühle.

Die zweite Frau ist für die Ehefrau — je nach Veranlagung — der endgültige Bruch oder willkommene Gelegenheit zur Revanche für Tausende von kleinen Ungerechtigkeiten. Schade für die Frau, die jetzt zur Hetäre wird, wohl der Frau, die sich in das Unabänderliche fügt und es zum Besten für sich selbst nutzt, über ihr Leben und ihr Recht nachdenkt und die Folgerungen daraus zieht.

Vor der Revanche (er hat ja auch eine Freundin!) sollte sich die Frau hüten. Sie hat sie nicht nötig, denn, wenn sie eine wirkliche Frau ist, mit allem was der Mann an einer Frau liebt und schätzt, wird sie keine Kommunikationsschwierigkeiten haben.

Sind all das Gründe, daß eine Frau sich einen anderen, einen zweiten Mann nimmt? Es kommt auf die Umstände an, zuviele Faktoren spielen mit. Es gibt weder den hundertprozentigen Mann, wie es die hundertprozentige Frau nicht gibt. Sie wären Wundergeschöpfe, Einmaligkeiten, Ausstellungsgegenstände, die man für teures Geld in Museen zeigen müßte.
Was also treibt die Frau wirklich in die Hände eines zweiten Mannes? Sind es die Dinge, die ihr an ihrem eigenen Manne fehlen? Ist der zweite Mann das Pendant zum Ehemann, die Ergänzung zum Hundertprozentmann? Hat die Frau überhaupt das Recht, ihr Leben hundertprozentig nutzen zu dürfen?
Dies ist die zentrale Frage und sie ist schnell, wenn auch nicht einfach beantwortet: Ja! Sie hat das Recht, ebenso wie der Mann. Die Voraussetzungen dafür sind schwierig, darauf wird noch näher eingegangen. Aber fest steht, daß jeder Mensch sein Leben nur einmal leben darf und der Niedergang beginnt praktisch bei der Geburt. Zwei Komponenten stehen fest: Der Tag, an dem man das Licht der Welt erblickt und der Tag, an dem uns der Tod ereilt.
Wir haben nicht nur das Recht, wir haben die Pflicht, aus dem dazwischenliegenden Zeitabschnitt das Beste zu machen. Das gilt für die Frau ebenso wie für den Mann.
Wenn die Welt der Männer in der Gestaltung dieses Ab-

schnittes, den man das Leben nennt, den Frauen Gewohnheiten und Verhaltensmaßregeln auferlegt haben, die sie — die Männer — für richtig hielten, dann ist es jetzt an der Zeit, diese Regeln zu korrigieren, ihren Bestand und ihre Rechtfertigung zu überprüfen, unnötigen Ballast und unnötige Belastungen über Bord zu werfen.

Die Frau hat eher mehr Rechte als der Mann. Sie trägt das Leben aus, sie nimmt wichtigen Anteil an seiner Gestaltung, sie trägt Verantwortung für seine Entwicklung, also muß sie auch das Recht haben, Entscheidungen, die sie persönlich angehen, selbst zu treffen. Dies mag sicherlich eine bittere Erkenntnis für Moral-Theoretiker und Sitten-Fanatiker sein. Aber die Frau hat sich in einem Jahrhunderte währenden Kampf dieses Recht erstritten, sie wird in zunehmendem Maße davon Gebrauch machen und sie sollte dies tun, ohne moralische Hemmungen, ohne Skrupel und ohne falsche Scham.

Das soll nicht heißen, daß die Frau sich ausschließlich niederer Sinneslust hingeben soll. Ethik und Ästhetik sollen Richtschnur für ihr Verhalten bleiben, aber sie muß sich frei machen von falscher Bevormundung, falscher Beeinflussung und falschen Göttern, die ihr das Himmelreich unter der Knute des Mannes prophezeien.

Die Frau hat einen eigenen Kopf und den hat sie nicht nur dazu, daß die Friseure reich werden, sondern sie hat in diesem Kopf ebenso viel Gehirnmasse wie ein Mann, sie kann also denken, kann frei denken, kann Entscheidungen treffen. Schon dies sollte sie davor bewahren, aus falsch verstandenem Mitleid Rücksichten zu nehmen. Und das wird dazu führen, daß die Frau — wenn sie in absehbarer Zeit sich auch geistig frei entwickelt hat — dem Manne überlegen sein wird. Die Zukunft der Frauen hat erst begonnen, die Zukunft des Mannes liegt in der Vergangenheit. Zumal die nachwachsende Generation diese These bestätigt. Hier weitere Beispiele für das Recht der Frau auf zwei Männer:

Der Fall Sandra H.:

Sie wurde 1948 in Erlangen geboren, drum scherte sie sich auch später wenig um Krieg und Nachkriegszeit, außer wenn in der Schule darüber Geschichtsunterricht erteilt wurde. Dazu hatte sie Glück, ihr Vater war Dozent an der Universität, was ihr nach erfolgreich abgelegtem Abitur die Möglichkeit eröffnete, im Elternhaus zu bleiben und ein Studium als Volkswirtin zu beginnen.

Was die Männer an ihr schätzten war, daß sie stets fröhlich war, niemals zum Spielverderber wurde und so rundum zu jeder Kumpelei zu gebrauchen war.

Sex war für sie eine Selbstverständlichkeit. Immer suchte sie sich Partner, die über das rein Körperliche hinaus auch geistige Anregung boten, so hatte sie Lustgewinn und Freude zugleich.

Mit Eheabsichten trug sie sich nicht, bis eines Tages ein Fernsehteam ein Feature in der Universität drehte. Dabei ging es um Protest, um Maoismus und Leninismus, um Spartakus und den Ring Christ-Demokratischer Studenten, kurz: um studentisches Leben. Sandra H.

wurde vom Realisator des Filmes in der Mensa entdeckt, er fand Gefallen an ihr und bat sie um ein Statement. Sie willigte ein, bewegte sich natürlich vor der Kamera, gab auf die Fragen des Moderators bereitwillig und unbefangen Antwort, dann fiel die letzte Klappe und die Fernseh-Menschen packten ihre Koffer und zogen wieder ab.

Längst hatte Sandra das Intermezzo vergessen, bis sie eines Tages einen Brief vom WDR-Fernsehen bekam, die Sendung würde am nächsten Dienstag laufen und man empfehle sie ihrer Aufmerksamkeit. Klar, daß Sandra den Apparat anstellte und verwundert stellte sie fest, wie elegant der Moderator sich des Themas entledigte. Und da sie nie mit ihrer Meinung hinter dem Berg hielt, setzte sie sich hin, schrieb einen Brief, wie gut ihr die Sendung gefallen habe und fragte unbefangen, ob man sich nicht wieder einmal sehen könne. Der Zufall gab es, daß Werner schon wenige Tage später in Nürnberg bei der Spielwarenmesse drehen mußte, er meldete sich telefonisch an, sie trafen sich, fanden Gefallen aneinander und verbrachten die Nacht zusammen. Auch das fand Sandra ausgesprochen angenehm, so war sie dankbar, daß Werner sie mit nach Nürnberg nahm, wo sie die paar Tage der Dreharbeiten zusammen im Hotel wohnten. Der Portier sagte „Gnädige Frau“ und sie mochte ihn nicht korrigieren, sah neugierig den Dreharbeiten zu — das ganze Metier war neu für sie — und bewunderte Werner, wie er den kleinen technischen Apparat sicher dirigierte.

Am letzten Tage dann enthüllte Werner, daß er schon

in wenigen Wochen die Chance haben würde, ein Fernsehspiel als Regisseur zu machen, man würde in Berlin drehen und ob sie nicht Lust hätte, ihn auch dort zu besuchen.
Sandra hatte schon Lust, andererseits war sie im letzten Semester und das Examen stand vor der Tür, so bedauerte sie, versprach aber zu schreiben und wenn es denn sein sollte, auch einmal zu telefonieren. Letztere Sorge nahm Werner ihr ab, jeden Abend rief er an, sagte, daß sie ihm fehle und Sandra's Mutter lächelte weise und vielsagend — da schien sich etwas anzubahnen.
Dann aber ließen die Telefonate und auch die Briefe nach, Werner saß täglich bis zu vierzehn Stunden im Schneideraum, Sandra hatte dafür Verständnis und ihre Mutter sah einen aussichtsreichen Ehekandidaten für ihre Tochter im Nebel des Nichts verschwinden.
Dann kam doch wieder ein Anruf, noch heute Abend würde das Fernsehspiel gesendet und Sandra möge doch ungeniert Kritik üben. Ihre ganze Familie saß vor der Bildröhre, der Vater fand das Thema etwas sehr modern, die Mutter sah erst ihre Tochter an, die gebannt der Handlung gefolgt war, meinte „so schlecht war es nun auch wieder nicht" und Sandra sagte, daß beide keine Ahnung vom Denken junger Menschen hätten, denn davon hatte das Spiel berichtet.
Sie ging auf ihr Zimmer, rief Werner an, sagte ihm, was sie dachte und sie sagte ihm auch, daß sie ihn „ganz dufte" fände und warum er sie eigentlich nicht heiraten wollte.
Werner — man hörte es — schluckte einmal ganz trocken

und meinte dann, daß es dafür gar keinen vernünftigen Grund gebe, einen solchen Vorschlag abzulehnen, gleich morgen käme er nach Erlangen und hielte bei den Eltern um ihre Hand an. „Okay" sagte Sandra und freute sich schon im vorhinein auf das Gesicht der Eltern.
Werner kam im Rollkragenpulli und in Lederjacke, brachte der Mutter die obligatorischen Blumen und drückte dem Vater fest die Hand, dann meinte er, daß der Oktober ein wundervoller Monat zum Heiraten sei und Sandra könne ja inzwischen in Köln nach einer passenden Wohnung Umschau halten.
Der Herr Professor fand als erster die Sprache wieder — schließlich war er von der Universität ja einiges gewohnt — dann kamen der Mama die Tränen und die Frage, ob denn eine solch wichtige Sache heutzutage so zwischen Tür und Angel abgesprochen würde. Sandra sagte „ja" und damit war der Fall erledigt. Was war auch schon zu tun.
Im September machte Sandra ihr Examen und bestand mit Auszeichnung, dann fuhr sie nach Köln, suchte und fand eine hübsche Wohnung, die sie modern einrichtete, suchte und fand weiterhin einen Job bei einem Steuerberater, der auch noch jung und modern war, die Dinge nahmen ihren Lauf.
Werner war viel unterwegs, sein erstes Fernsehspiel hatte Gefallen und gute Einschaltziffern gefunden, das hob Ansehen und Beschäftigung. Er kündigte beim WDR-Fernsehen und arbeitete fortan als freier Regisseur und da ihm Stück auf Stück gelang, konnte er über Arbeitsmangel nicht klagen. Das brachte es mit sich, daß er viel

unterwegs und seine Frau viel alleine war, aber da ihr neuer Beruf auch nicht ohne Reiz war, langweilte sie sich nie und ihr Wiedersehen war immer wieder ein Fest, das sie genossen, wie die Hochzeitsnacht.
Dann drehte Werner einen Film in London und da diese Stadt Sandra ungeheuer anzog, nahm sie Urlaub und fuhr vierzehn Tage mit in die Stadt an der Themse, lernte Allan kennen, der die Hauptrolle spielte und lernte auch Claudia kennen, die das Scriptgirl von Werner war. Sie brauchte weder ‚gute Freunde' noch anonyme Briefe, um schnell festzustellen, daß Claudia nicht nur eine hervorragende Mitarbeiterin Werner's war, sondern ihm auch die langen Trennungen von ihr zu verkürzen verstand. Außerdem fand sie Allan nett und lud ihn ein — wenn sein Weg mal über Köln führen würde — sie zu besuchen.
Das wiederum fand Allan so dufte, daß er in den nächsten Monaten schrecklich viel in Köln zu tun hatte und so blieb nicht aus, daß er sich in Sandra und sie sich in ihn verliebte.
Klar wollte man es Werner sagen, die Gelegenheit kam auch wenige Tage später. Sandra hatte sich besonders hübsch gemacht, Allan war eingeladen und um den festlichen Rahmen zu krönen, hatte man sich im Smoking verabredet. Bei Kerzenlicht und Kaviar ‚beichtete' Sandra ihr Verhältnis. Werner sah Allan an, Allan sah Werner an, für Bruchteile von Sekunden war unklar, ob ein Gewitter losbrechen würde, aber Werner reinigte die Atmosphäre mit dem erlösenden Wort: „Haben wir beide nicht eine ganz großartige Frau?"

Die Freunde fielen sich in die Arme, es wurde ein sehr feuchter Abend und die Zukunft brachte Sandra sehr viel Schönes, zwei Männer, die sie verstanden, die es eleganterweise einrichteten, nur abwechselnd aufzutauchen und ihr beide das Gefühl vermittelten, daß sie der Mittelpunkt der Welt — zumindest ihrer Welt — war.
Manchmal dachte sie mit Schaudern daran, was wohl der gestrenge Herr Papa und die in moralischen Dingen sehr pingelige Mutter zu solchem Tun sagen würden, aber derartige Gedanken belasteten sie immer nur kurz. Sie wußte, daß sie beiden Männern Ansporn für ihre Arbeit gab und daß sie für beide der ruhende Pol in ihrem Leben war.
Es war überhaupt keine Schwierigkeit für sie, sich in beide hineinzudenken, mit ihnen zu leben und zu fühlen, ihre Probleme zu erkennen, daran teilzuhaben und so gut sie es konnte, zu raten. Ein paar Freunde und Bekannte schüttelten zwar den Kopf ob solchen Tuns, denn Sandra versteckte weder Mann noch Freund in der Öffentlichkeit, aber all das prallte an Sandra ab, sie wußte, daß das was sie tat für sie und für niemand anderen richtig war. Allein das war der Maßstab und die Richtlinie für sie.
Ihr einziges Problem war die gemeinsame Wohnung, die sie noch mit Werner teilte, zuviel einseitige Bindung und Vorteile für Werner sah sie in dieser Tatsache.
So suchte sie sich selbst eine kleinere Wohnung, aber mit drei Einbauschränken, die sie ganz nach ihrem Geschmack und ihren Vorstellungen einrichtete, wobei sie auch an ihre beiden Männer dachte.

Wenn sie hin und wieder einmal — die Umstände brachten es mit sich, daß manchmal weder Allan noch Werner im Lande war — mit einem anderen Mann schlief, bedeutete dies für sie reinen Lustgewinn und keinerlei seelische Bindung. Niemand, das merkte sie bald, konnte ihr soviel Befriedigung in jeder Hinsicht bieten, wie ihre beiden Männer. Sie lebt heute noch mit ihnen und das sind jetzt immerhin schon vier Jahre, ohne daß eine falsche Gefühlswolke ihr Glück trübt.

Polyandrie – was ist das?

Der Fall Sandra H. wirft die Frage auf, ob eine einzige Frau tatsächlich mit mehreren Männern glücklich sein kann, wenn diese Männer voneinander wissen und sie ihre Gefühle seelischer und körperlicher Natur gleichmäßig teilen kann.

Die Wissenschaft bezeichnet diesen Zustand als Polyandrie, oder auf gut deutsch Vielmännerei.

Vielmännerei war einst und ist heute wesentlich weiter verbreitet, als man glauben möchte. Vieles spricht dafür, daß die Polyandrie — das Recht der Frau mit mehreren Männern gleichzeitig legal verbunden zu sein — in der Zukunft weit größere Chancen hat, als die Polygynie — die Vielweiberei.

Seine Königliche Hoheit Prinz Peter von Griechenland und Dänemark, Doktor der Philosophie, hat 1963 im Verlag Mouton und Company im holländischen Den Haag „A Study of Polyandry“ veröffentlicht und kommt in der 601 Seiten starken Veröffentlichung zu erstaunlichen Feststellungen und Ergebnissen. „Die Polyandrie“, so schreibt er unter anderem „mag selten sein, aber sie ist weit verbreitet.“ Tatsächlich weist Prinz Peter nach, wo es Vielmännerei gibt. Die Hauptgebiete sind Asien, Afrika, Amerika und die polynesischen Inselwelt. So unter anderem gibt es Polyandrie in

Bashi Lele im früheren Belgisch Kongo
Kadara und Kagoro im Norden Nigerias
Paviotso in Nord-Amerika
auf den Marquesa-Inseln im Pazifik
in Zu-la und Da-la in Indochina
auf Kandyans in Ceylon
in Tibet
bei Einwohnern der nordindischen Staaten Simur, Tehri-Garwhal, Khasas und Jaunsar-Bawar
bei Einwohnern der südindischen Bezirke Nilgris, Tandans, Kammalans und bei verschiedenen Kasten der Kerala
in verschiedenen Bezirken von Kaschmir,

und noch einigen anderen Landstrichen Asiens und Afrikas.

Prinz Peter zählt in seiner gründlichen Studie eine Fülle anderer Plätze auf, wo Polyandrie nicht nur gang und gäbe ist, sondern auch von den Regierungen legalisiert wurde.

Man muß aber nicht unbedingt in weite Fernen schweifen, um der Vielmännerei zu begegnen, polnische Bergarbeiter in Frankreich huldigen der Vielmännerehe ebenso wie die sogenannten „boarders" in den Vereinigten Staaten.

Über die Zahl der Fälle mag man streiten, zumal hier mit einer erheblichen Dunkelziffer gerechnet werden muß. Aber D. N. Majumar — ein indischer Wissenschaftler — hat festgestellt, daß vierzig Millionen Menschen gegenwärtig polyandrös veranlagt sind, oder genauer gesagt, diese Eheform praktizieren.

Die Vielmännerei ist nicht unbedingt eine Erfindung unserer Zeit, in der die Befreiung der Frau von alt überlieferten Fesseln immer schneller voranschreitet.
Schon 2900 vor Christus kannten die Sumerer die Polyandrie und auch bei den ‚alten Germanen' und den Griechen war diese Lebens- und Gemeinschaftsform bekannt.
Im „Daily Mirror" wurde am 18. Januar 1965 von einem polnischen Ingenieur berichtet, der in England lebt. Paul Pawlowski — so hieß er — war damals 37 Jahre alt und suchte über den Anzeigenteil des „Mirror" — sechs Männer und eine Frau —, die mit ihm bereit waren, eine Polyandrie-Ehe einzugehen. Pawlowski erhielt eine überraschend hohe Anzahl von Zuschriften und er sagte in einem Interview: „Polyandry produces fewer Babies because it means that seven men marry one woman who can have only one baby a year."
Sinngemäß übersetzt meinte Pawlowski: „Polyandrie-Ehen haben weitaus weniger Kinder, denn ob ein oder sieben Männer mit einer Frau schlafen, mehr als ein Baby kann sie im Jahr nicht bekommen!" Bliebe in diesem Zusammenhang in unserer ordentlichen Welt die Feststellung der Vaterschaft und wer dann eigentlich für das Kind aufzukommen hat. Für polyandrös veranlagte Menschen ist dies kein Problem, sie fühlen sich alle gemeinsam als Vater der Kinder und machen keinen Unterschied zwischen Erzeuger und Ernährer.
Natürlich hängt die Polyandrie eng mit der Entwicklung der Frau im Laufe der Jahrhunderte zusammen.
Glaubte Arthur Schopenhauer in „Parerga und Paralipomena" über die Weiber noch so urteilen zu müssen:

§ 363 „Schon der Anblick der weiblichen Gestalt lehrt, daß das Weib weder zu großen geistigen, noch körperlichen Arbeiten bestimmt ist.“

§ 369 „Das niedrig gewachsene, schmalschultrige, breithüftige und kurzbeinige Geschlecht das ‚Schöne‘ nennen konnte nur der vom Geschlechtstrieb umnebelte männliche Intellekt: in diesem Triebe steckt nämlich seine ganze Schönheit. Mit mehr Fug, als das ‚Schöne‘ könnte man das weibliche Geschlecht das ‚unästhetische‘ nennen.“

Schopenhauer lebte von 1788 bis 1860, wollen wir ihm deswegen verzeihen. Daß diese Ansicht sich gründlich gewandelt hat, muß an dieser Stelle nicht ausdrücklich betont werden.

Aber selbst unser Jahrhundert ist nicht arm an abfälliger Kritik über die Frauen. So schrieb Otto Weininger 1921 in seiner berühmt gewordenen Untersuchung „Geschlecht und Charakter“ (erschienen in der Wilhelm-Braumüller-Universitäts- und Verlagsbuchhandlung Wien und Leipzig) auf Seite 235:

„. . . es gibt wohl Weiber mit genialen Zügen, aber es gibt kein weibliches Genie, hat nie ein solches gegeben und kann nie ein solches geben . . .“, und weiter auf Seite 258: „Das Weib ist wirklich auch vollkommen unsozial . . .“, dann endlich auf Seite 261: „So ist denn ein ganz umfassender Nachweis geführt, daß das Weib seelenlos ist, daß es kein Ich und keine Individualität, keine Persönlichkeit und keine Freiheit, keinen Charakter und keinen Willen hat!“

Wen wundert es da, daß die Frauen aufstanden, sich zusammentaten und um ihre Freiheit kämpften, wobei ihnen — zugestandenermaßen — fast jedes Mittel recht war. Mit Sicherheit ist die Frau heute weder kurzbeinig noch willenlos, sondern eher langbeinig, schöner und selbstbewußter, als je zuvor. Sie wird im Zeitalter der Pille von entweder vorgefaßten, diktierten oder moralisch begründeten Vorurteilen nicht mehr geschreckt und damit hat sich ihre Einstellung zur Ehe und zu ihrer Stellung in der Welt grundlegend verändert. In vielen Dingen schon heute dem Manne überlegen, ist sie dabei, eine neue, eigene Haltung zur Ehe und zur Liebe zu suchen und zu finden. Und da spricht vieles dafür, daß sie sich auch von sexuellen Verhaltensmaßregeln der Vergangenheit lösen und zur Vielmännerei — zur Polyandrie — neigen wird.

Dies ist nicht zuletzt auf die veränderte biologische Entwicklung in den vergangenen Jahrhunderten bis heute zurückzuführen. Nach Professor Dr. Heinz Spieß, dem Direktor der Universitäts-Kinderpoliklinik München, und Untersuchungen seines Hauses ergab sich in diesem Jahrhundert ein auffälliger Anstieg des Größenwachstums bei Buben und Mädchen. Im Durchschnitt wurden beide Geschlechter alle zehn Jahre einen Zentimeter größer geboren. Dieses Phänomen, die Akzeleration, kam im Kriege zum Stillstand, ist aber jetzt erneut zu beobachten. So stiegen zwischen 1964 und 1974 die Durchschnittsgrößen der Kinder wieder um ein bis zwei Zentimeter.

Aber nicht nur hochgelehrte Wissenschaftler haben aufgrund langwieriger Untersuchungen Veränderungen im äußeren Erscheinungsbild und im Wesen der Frau festgestellt. Zahlen, an denen die Schönheit meßbar wird, hat auch die Deutsche Damen-Oberbekleidungsindustrie vorgelegt. Danach sind die Frauen in den letzten Jahrzehnten nicht nur größer, sondern auch immer schmalhüftiger geworden. Allein in den Jahren zwischen 1958 und 1971 nahm die Durchschnittsfrau an der Hüfte ein bis zwei Zentimeter ab, dafür wuchs der Busenumfang um mehr als zehn Millimeter. Zurück zu den Untersuchungen von Professor Spieß, er stellte weiter fest: „Auffällig, daß bei Mädchen die körperliche Reife immer früher bemerkbar wird. Die Menarche — die erste Monatsblutung — tritt nun im Durchschnitt im Alter von 12,6 Jahren ein."

Im Zeitraum einer Generation hat sie sich ungefähr ein Jahr vorverschoben. Oder genauer gesagt: Die Ärzte der Universitäts-Poliklinik München stellten fest, daß die Menarche all zehn Jahre um etwa drei Monate früher eintrat.

Dazu sprechen die Ärzte übereinstimmend bei männlichen Säuglingen von einer Übersterblichkeit, das heißt, Buben sind in ihren ersten Lebensmonaten krankheitsanfälliger als Mädchen. Die Todeszahlen liegen bei männlichen Säuglingen entschieden höher als bei weiblichen. Mädchen haben also eine größere Chance, das erste Lebensjahr zu überleben, als Buben.

Das Bayerische Statistische Landesamt veröffentlichte dazu folgende Zahlen:

1973 wurden in Bayern 58 800 Buben und 55 858 Mädchen lebend geboren. Davon starben im ersten Lebensjahr 1546 Buben und 1093 Mädchen. Statistisch umgerechnet ergibt dies eine Sterblichkeit der Buben im ersten Lebensjahr von 2,63 Prozent, bei den Mädchen sind es nur 1,96 Prozent, was für die Zähigkeit des weiblichen Geschlechts spricht. Bundesweit ist dabei ein interessanter Trend zu beobachten: Zwar werden mehr Buben als Mädchen geboren, doch letztlich überleben vom immer noch so genannten „schwachen Geschlecht" im ersten Lebensjahr mehr, und die durchschnittliche Lebenserwartung des Mannes ist weitaus geringer, als die der Frau. Ganze fünfeinhalb Jahre beträgt der Unterschied.

Männer haben eine Lebenserwartung von 66,62 Jahren,

Frauen rechnen im Durchschnitt damit, 72,05 Jahre alt zu werden.

Die Kluft zwischen Männern und Frauen wird dadurch klar ersichtlich, die Entwicklung erkennbar: Die Lebenserwartung der Frauen steigt beträchtlich, die der Männer vergleichsweise geringfügig. Gemessen am Jahre 1960 liegt die Lebenserwartung der Frauen rund zwei Jahre höher, die der Männer ist nur um neun Monate gestiegen. Die höhere Anfälligkeit für Krankheiten und auch für einen früheren Tod ist bei männlichen Lebewesen aller Arten festzustellen — vom Wurm bis zum Menschen. Der amerikanische Forscher Dr. James B. Hamilton stellt dazu trocken fest: „Es kann nur wenig Zweifel geben, daß das männliche Wesen in nahezu jeder Lebensform, die bis heute erforscht wurde, eine höhere Sterblichkeit hat."

Der Unterschied zwischen Mann und Frau

„Zwischen Mann und Frau ist nur ein kleiner Unterschied" soll ein Abgeordneter der französischen Nationalversammlung ausgerufen haben, worauf seine Kollegen jubelnd aufsprangen und riefen: „Es lebe der kleine Unterschied!"

Anekdote oder Wahrheit, der kleine Unterschied ging um die Welt und wird von der Mathematik bis zur Biologie als Bonmot benutzt. Zumindest aber in der Biologie irrten die Abgeordneten, der Unterschied zwischen Frau und Mann ist sehr beträchtlich und nur in Billionen Einheiten auszudrücken.

Dr. Jan Diether Murken — Münchner Arzt und Chromosomenforscher — stellt dazu fest:

„Zunächst ist festzuhalten, daß der Mann sich genau 60billionenfach von der Frau unterscheidet, nämlich in jeder einzelnen Zelle. Und der Mensch besteht aus rund gerechnet sechzig Billionen Zellen. Jede Zelle hat einen Kern — und dieser Kern besteht aus der gleichen Anzahl von Chromosomen. Genau gesagt: aus 23 Chromosomenpaaren, im Normalfall."

Hier zeigt sich „der kleine Unterschied", wenn man so will, oder genauer gesagt die Differenz: Beim 23. Chromosomenpaar der Frau verbinden sich zwei gleiche Fäden zu einem „XX". Beim Mann fehlt jedoch das zweite „X", dafür findet sich ein neuer, kleiner Faden, das „Y".

Er schaut zwar nicht unbedingt wie ein Y aus — aber man nennt ihn so. In den Chromosomen aber steckt der Schaltplan der Natur. Ihre Fadenknäuel steuern das Wachstum des Menschen, sie legen fest, ob seine Augen blau oder braun sind, ob er vorzeitig kahlköpfig wird und ob er ein Genie oder geistig zurückbleiben wird. Ist eines der Chromosomen verformt, mißgebildet, verstümmelt oder doppelt vorhanden, so hat dies fast immer einen Rückstand der geistigen Entwicklung zur Folge. Das „XX" der Frau und das „XY" des Mannes müssen sich auswirken. Aber wie?

Die kürzere Lebenserwartung der Männer, ihre höhere Anfälligkeit für Krankheiten — sind sie, wie vermutet wurde, eine Auswirkung des Drucks, den die Leistungsgesellschaft auf den Mann ausübt?

Professor Marianne Rasmuson vom Department für Genetik an der Universität von Umea in Schweden erklärte dazu vor der UNESCO: „Die kürzere Lebensdauer ist ein feststehendes Charakteristikum der Männlichkeit, das auf dem Chromosomen-Mechanismus beruht, der das Geschlecht bestimmt!"

Auch die größeren Neigungen zu Unfällen, Herzkrankheiten, Magengeschwüren und zum Selbstmord wie zu Verbrechen sind — so vermutet Professor Marianne Rasmuson — angeborene „biologische Faktoren". Mit anderen Worten: Der sogenannte kleine Unterschied zwischen Männern und Frauen, diese billionenfache Differenz, gibt den Frauen größere Chancen. Sie wird ihnen künftig auch Berufe öffnen, die bislang für Frauen versperrt waren.

Die Zukunftsaussichten der Frau

Die biologischen Unterschiede geben den Frauen neue und bessere Chancen im Beruf. Dr. Hans Guido Mutke erklärte dazu bei einem Kongreß für Luft- und Raumfahrtmedizin, der im München-Hilton stattfand, folgendes: „Frauen haben zur Genüge bewiesen, daß sie in der Lage sind, physisch mehr zu leisten und auszuhalten, als es vom Manne im Durchschnitt angenommen wird."

Ein Fachmann wie Dr. Mutke ist selten, zugleich Frauen- und Flugarzt in München, kann er obendrein auf eine lange Praxis als Pilot zurückblicken. Und er meint: „Frauen sind für die Weltraumfahrt zum Teil sogar besser geeignet als der Mann. Frauen sind weniger aggressiv und zeichnen sich durch mehr Geduld aus — auch beim Erdulden von Strapazen!"

Der Arbeitsmediziner Professor Dr. Wolf Müller-Limmroth (München) ist ähnlicher Meinung. Er vertritt die Ansicht, daß heute die Frau sich längst für mehr Berufe eignet, als man ihr zutraut. Sie stehe — so meint Professor Müller-Limmroth — dem Manne geistig in nichts nach, habe aber darüber hinaus die Fähigkeit, besser bei der Stange zu bleiben, also konzentrierter und geduldiger zu arbeiten. Die Hausfrauenarbeit werde oft verkannt. Hier zeichne sich die Frau in erster Linie durch Manager- und Organisationstalente aus.

Das Wort von den Manager-Talenten der Frau taucht

auch bei Futurologen auf, die über die Zukunft der Frau Untersuchungen anstellen.
Biologisch stärker als der Mann und immer schöner und attraktiver werdend, erschließen sich für die Frau immer neue Aufgabenbereiche. Wie wird das weitergehen?
Die aufsehenerregendste Prognose darüber stammt von Buckminister Fuller, dem angesehensten Zukunftsforscher der Vereinigten Staaten. Er gilt sowohl als Architekt, wie auch als Mathematiker weltweit als Genie. Schon vor Jahren haben sich amerikanische Kämpferinnen wider die männlichen Vorrechte in Washington sein Wort „Frauen werden im 21. Jahrhundert die Welt regieren“ an die Wand genagelt. Golda Meir und Indira Ghandi sind erste Anzeichen dafür, daß Fuller nicht ganz unrecht haben kann.
Wie aber hat Fuller das gemeint? Was hat er wirklich gesagt? Der 1974 im 79. Lebensjahr stehende Fuller schrieb dazu im amerikanischen Magazin McCall‘s: „Woman is now entering the ownership management of commerce and industry to an increasingly important degree. By the twenty-first-century she will have taken over full management of spaceship Earth . . .“ (Sinngemäß übersetzt: Die Frau beginnt jetzt die Herrschaft des Managements in Wirtschaft und Industrie in einem äußerst bedeutenden Grad zu übernehmen. Im 21. Jahrhundert wird sie die volle Herrschaft über das Raumschiff Erde übernehmen!) Weiter meint Fuller, das nächste Jahrtausend werde jedem Geschlecht die seinen Fähigkeiten entsprechenden Rollen zuteilen. Wörtlich führt er dazu aus: „Twenty-first-century man will be

preoccupied almost entirely by scientific and poetical research. Women will convert man's scientific findings to industrial production. Women will be the undisputed managers of our 60 000-miles-an-hour speeding spaceship Earth on our ever vaster exploration of the universe.“
Noch ungünstiger über die Entwicklung des Mannes äußert sich der ebenfalls amerikanische Professor Edwin Saller. Er behauptet auf Grund groß angelegter Versuchsreihen folgendes: „Männer haben ihren geistigen Höhepunkt bereits überschritten. Ihr Gehirn zeigt schon jetzt Anzeichen starker Rückentwicklung. In spätestens zweihundert Jahren werden sie den Frauen geistig nicht mehr gewachsen sein. Während es mit den Männern in den nächsten Jahrhunderten bergab geht, werden Superfrauen die Macht ergreifen. Denn das weibliche Gehirn hat noch erhebliche Entwicklungsreserven und wird sich in den nächsten zweihundert Jahren voll entfalten.“
Dies also Meinungen von weltweit anerkannten Wissenschaftlern, die in langen Studienreihen Ergebnisse vorlegen, die den Mann erschrecken lassen, den Frauen aber sicherlich nicht nur Stütze für ihr Selbstvertrauen, sondern auch Ansporn sein werden, immer mehr und mehr ‚männliche Bastionen‘ im Berufsleben abzujagen.
Wie aber wird sich das auf ihre Gefühlswelt, auf ihre Stellung dem Manne gegenüber auswirken? Wird sie daher das Recht auf zwei Männer als Selbstverständlichkeit ableiten, wie der Mann sich schon oder noch heute das Recht auf zwei Frauen nimmt? Wird der Mann das überhaupt aushalten, wird er noch seinen ‚Mann stehen‘ können? Wie also sieht die Ehe der Zukunft aus?

Die Zukunft der Frau, die Ehe und der Sex

Die Stellung der Frau in der Welt und der Gesellschaft ändert sich. Muß sich da nicht auch ihre Einstellung zur Ehe und zum Sex ändern? Viele Futurologen haben sich darüber Gedanken gemacht.

So schrieb 1973 Professor Pierre Bertaux von der Pariser Universität Sorbonne in seinem Buch „Mutationen der Menschlichkeit" zunächst über Tiere: „Jedenfalls läßt sich heute bereits die Möglichkeit einer Gattung denken, in der das Männchen keine Rolle mehr spielt oder gar völlig fehlt."

Daraus formuliert er das Gesetz: „Das Entwicklungstempo einer Menschengruppe ist durch das Entwicklungstempo seines weiblichen Elementes bedingt." Und weiter: „Die Umwertung der biologischen Werte, die den historischen Kulturen eigen ist, hat eine merkwürdige Folge, nämlich die Umkehrung der sexuellen Bewertung. Anormalerweise wird in unserer Zivilisation das Weibliche als der sexuell-attraktive Teil betrachtet."

Zweifelsfrei kommt er zu dem Schluß: „. . . wird klar, daß in unserer westlichen Zivilisation das weibliche Element sich im Aufbruch befindet. Dies bedeutet aber, daß die Frauen eine ganz neue Vorstellung des Weiblichen gewinnen, die sie früher oder später bei den Männern durchsetzen werden."

Ist dieser Zustand nicht schon nahezu erreicht? Was gibt

es — außer einigen freiwilligen Einschränkungen, die die Frau sich noch auferlegt — eigentlich noch, was die Frau nicht durchsetzen könnte? In der Praxis sind es doch die Frauen, die Bürgerinitiativen, neue Formen von antiautoritären Kindergärten, gesündere Formen der Ernährung, leichtere Schwangerschaften und viele andere Fortschritte initiieren, anregen, durchsetzen und durchführen.

Alvin Toffler spricht in seinem Buch „Der Zukunftsschock" von einer Vielzahl möglicher Experimente auf dem Gebiet der Ehe: „Kinderlose Ehen, professionell ausgeübte Elternschaft, Ruhestands-Familien, Familienfirmen, Kommunen, geriatrische Gruppenehen, homosexuelle Familieneinheiten, Polygamie — das sind nur einige der Familienformen und -praktiken, mit denen neuerungswillige Minderheiten in den nächsten Jahrzehnten experimentieren werden."

Weiter meint Toffler an anderer Stelle: „Auch die Schranken gegen die Polygamie könnten in naher Zukunft ganz oder teilweise fallen. Mit Lockerungen der sexuellen Normen, mit steigendem Wohlstand — der Eigentumsbegriffe aller Art unwichtig erscheinen läßt — wird man die gesellschaftliche Ächtung der Polygamie vielleicht in den Bereich des Irrationalen verweisen."

Offensichtlich benutzt Toffler das Wort Polygamie als wissenschaftlichen Begriff für Mehrehe, gleichgültig, ob nun eine Frau mit mehreren Männern oder ein Mann mit mehreren Frauen verheiratet ist. Korrekt ist die Bezeichnung für Vielmännerei Polyandrie, für Vielweiberei Polygynie. Im Prinzip aber kann man Tofflers Feststel-

lung „Die Mehrfachehe kann sich durchsetzen“ als zutreffend bezeichnen.
In der Zeitschrift „The Futurist“ (Ausgabe April 1973) macht sich der Psychologe Herbert A. Ott über dieses Thema folgende Gedanken: „In der Gesellschaft der Zukunft wird sich die Frau freier fühlen, Beziehungen zu beginnen und ihnen ein Ende zu setzen.“
Er unterscheidet dabei intime Freundschaften ohne sexuelle Beziehungen, sexuelle Freundschaften, bei denen Sex eine geringe Rolle spielt und erotische Freundschaften, wo das Erotische oder Sexuelle eine dominierende Rolle spielen.
Wörtlich führt er aus: „I expect that, within the next decade, as much as 25 % of the adult population will have experienced a life-style other than dyadic sexuel intimacy“, was frei übersetzt etwa heißt: „Schon in der nächsten Dekade hat also ein Viertel der erwachsenen Bevölkerung Sex-Erfahrungen gesammelt, die sich nicht in das übliche Zweier-Schema pressen lassen.“
Professor Herbert A. Otto ist Direktor des Nationalen Zentrums „for the Exploration of Human Potential“ in San Diego, California.
Was ist daraus zu folgern?
Die Frauen, biologisch überlegen, juristisch mit neuen Rechten ausgestattet, emporgestiegen ins Management der Welt, befreit vom Korsett überholter Moralvorstellungen, vielfach dominierend, werden so frei sein, sich sexuell neue Freiheiten zu nehmen — und das heißt, wenn sie wollen, werden sie sich auch gleichzeitig mehrere Partner nehmen. Vielweiberei war nur in einer Zeit

absoluter männlicher Vorherrschaft möglich und denkbar. Diese Vorherrschaft schwindet aber offensichtlich dahin. In vielen Fällen übernimmt die Frau die Position des Mannes und erst kürzlich hat uns eine neue Fernsehserie den ‚Hausmann‘ vorgestellt, also den Mann, der eine ‚klassische Frauenrolle‘ übernommen hat.
Kann es sein, daß dann nicht mehr der Hahn, sondern die Henne sozusagen der „Hahn im Korb“ ist? Wann wird die erste weibliche Philosophin zu der Erkenntnis kommen: „Das kurzatmige, krankheitsanfällige, ungeduldige Geschlecht das ‚starke‘ nennen, konnte nur der vom Geschlechtssinn umnebelte, weibliche Intellekt: in diesem Trieb nämlich steckt seine ganze Stärke!?“
Alles spricht dafür, daß sich in Zukunft die völlig freie Partnerwahl der Frau durchsetzt — wobei Partner im Plural wie im Singular zu verstehen ist.
Dazu aber noch einige Fallstudien.

Der Fall Waltraud K.:

Der Vater war im Krieg gefallen, zu einer Zeit, als Waltraud noch ein Kind war. Die Mutter bezog eine kleine Pension, die es ihr ermöglichte, Waltraud eine gute Schule und angenehme Lebensumstände bieten zu können. Waltraud wurde in Bad Wildungen groß, die Zahl der Erholungssuchenden aus allen Teilen Deutschlands brachte nicht nur Geld in die Kurstadt, sondern sorgte auch für ein angemessenes kulturelles Leben. So empfand Waltraud die Kleinstadt nicht als bedrückend.

Ihre Begabung lag im leichten Erlernen von Sprachen. Englisch und Französisch machten ihr keine Schwierigkeiten, die Besatzungsmächte und ihre Angehörigen boten ihr dazu auch die Möglichkeit, in entsprechenden Kommunikationen ihre Sprachen in der Praxis fortzubilden.

Als sie achtzehn wurde, verliebte sie sich in einen amerikanischen Captain. Ihr schien es die große Liebe zu sein, so hatte sie — und auch die vernünftige Mutter — keine Bedenken, mit Charles nach Heidelberg zu ziehen, dem Hauptquartier der amerikanischen Besatzungsstreitkräfte.

Charles lebte dort in einem großen, beschlagnahmten Haus, Waltraud paßte sich den neuen Lebensgewohnheiten schnell an, sie veramerikanisierte völlig mitten in Deutschland, ihre Einkäufe tätigte sie mit einer Sondergenehmigung im PX — den amerikanischen Supermärkten, die eigens für US-Soldaten eingerichtet worden waren, sie fuhr einen zwar alten und klapprigen, dafür um so größeren Chevrolet und war glücklich. Um nicht den ganzen Tag nutzlos herumzusitzen, suchte und fand sie einen Job bei einer amerikanischen Dienststelle, wo sie wegen ihrer schnellen Auffassungsgabe bald beliebt und geschätzt war. Dazu war sie ein im landläufigen Sinne hübsches Mädchen, um das man Charles beneidete.

Sie wußte, daß ihr boyfriend in den Staaten verheiratet war, das aber störte sie wenig, denn außer gelegentlichen Briefen hörte Charles von seiner Familie so gut wie nichts, die Bilder von Frau und Kindern standen auf dem Schreibtisch seines Büros. Amerika war weit.

Da Waltraud überhaupt nicht damit rechnete, Charles jemals zu heiraten, war ihr Verhältnis ungetrübt.
Dann kam der Tag, an dem Charles aus der Armee entlassen wurde. Nur kurz überlegte er, ob er Waltrauds wegen als Zivilist in Deutschland bleiben sollte, dann aber entschied er sich für die Rückkehr in die USA. Waltraud nahm es schicksalergeben hin, aber Heidelberg und der inzwischen zur Gewohnheit gewordene Lebensstandard waren ihr ans Herz gewachsen, so wurde Charles Nachfolger ein Major, er hieß Ronny und war genauso nett. Und als dann auch Ronny ging, kamen noch ein paar Boys nach ihm, bis die US-Armee ihre Verwaltung erheblich einschränkte und für Waltraud kein Offizier weit und breit mehr übrig war. Profis kamen über den großen Teich und die brachten ihre Familien mit.
Was ihr blieb, war ihr Job und in der Zukunft deutsche Freunde. Männer zu finden war für sie kein Problem, denn sie war wirklich attraktiv und „a good sport", ein guter Kumpel.
Sie suchte sich eine hübsche kleine Wohnung und einen netten Freundeskreis, selbst ihr dreißigster Geburtstag schreckte sie nicht, sie war mit ihrem Leben zufrieden.
Manchmal besuchte sie — jetzt mit dem ersparten VW — die Mutter in Bad Wildungen. Diese, in Sorge um die Tochter, drang pausenlos in sie, sich doch endlich einen Mann zu suchen, mit dem sie zusammenleben und Kinder haben konnte. Und da Waltraud von der Mutter wußte, wie schwer es war, als einschichtige Frau zu leben, nahm sie sich die wohlgemeinten Ratschläge zu Herzen. Als sie vierunddreißig war, traf sie Gieselher.

Gieselher kam aus bescheidenen Verhältnissen, war aber voller Ehrgeiz und von dem Drang besessen, eines Tages Macht über Geld und Menschen zu haben. So hatte er jahrelang mit rotumränderten Augen Nacht für Nacht an seiner schulischen Weiterbildung gearbeitet, tagsüber ging er seinem Beruf als Versicherungsvertreter nach und eigentlich hatte er gar keine Zeit für Mädchen. Waltraud hatte ihn kennengelernt, als er ihr eine Versicherung verkaufen wollte und dabei waren sie so ganz nebenbei in ein privates Gespräch abgeglitten. Sie hatte irgendwie Mitleid mit ihm, als sie hörte, wie schwer er sich durchs Leben schlug, lud ihn zum Essen ein, was Gieselher gerne annahm. Daraus wurde langsam eine Gewohnheit; daß Waltraud ihn eines Tages heiraten könnte, daran dachte sie nicht, denn Gieselher war fünf Jahre jünger als sie.
Tatsächlich aber schloß Gieselher dann aber für sie eine Versicherung ab, erfuhr dabei auch eine Menge über ihre finanziellen Verhältnisse, so — daß sie ein Haus erben und auch etwas Bargeld zu erwarten sein würde. Und da ihm dies die Krönung dessen, was man vom Leben erwarten konnte, zu sein schien, fing er — immer in bescheidenen Grenzen — an, Waltraud den Hof zu machen. Da er mit Frauen so gut wie keine Erfahrung hatte, stellte er auch keine intimen Forderungen, was Waltraud angenehm berührte, denn für diese Zwecke hatte sie eine ganze Reihe von Freunden. Mit einem dieser Freunde, einem recht angesehenen Anwalt, sprach sie manchmal über Gieselher — er riet ihr, ihn zu heiraten. Gieselher hatte inzwischen sein Abendstudium abgeschlossen, was ihm das Aufrücken in höhere Positionen ermög-

lichte. Und da er aus einem preußisch korrekten Hause kam, war er zwar kein allzu intelligenter, dafür um so genauerer Mitarbeiter. Waltrauds Freund für ,die schönen Stunden des Lebens' stellte ihn als Kanzlei-Vorsteher an. Als dies erreicht war, machte Gieselher Waltraud einen Heiratsantrag, den sie nach Rücksprache mit ihrem Freund annahm. Der Freund stellte sogar großzügigerweise seine Wohnung für die Hochzeit zur Verfügung und schenkte dem jungen Paar ein Doppelbett. Noch in der Hochzeitsnacht wurde der Grundstein zu einem neuen Leben gelegt.

Alles schien gutzugehen, man fand eine nette Wohnung in einem der aus dem Boden schießenden modernen Hochhäuser, Waltrauds Mutter war überglücklich, als sie erfuhr, daß sie nun endlich doch noch Oma werden sollte, Gieselher war fleißig und korrekt, hielt das Geld zusammen und zwang Waltraud bis zuletzt, ebenfalls arbeiten zu gehen, damit sie nicht ihres Lohnes während der Entbindung verlustig ging. Sechs Wochen vor der Entbindung bereitete sie sich auf die Geburt vor, dann kam das Mädchen, sie tauften es Gisela und sechs Wochen nach der Geburt ging Waltraud wieder arbeiten. Gieselher hielt ihr lange Vorträge darüber, warum sie das tun mußte und welche sozialen Vorteile nicht nur der Steuer gegenüber sie davon haben würden. Waltraud versuchte erst zu widersprechen, dann aber fügte sie sich, Gisela wurde in einem Kinderheim groß.

Gieselher schien in seinem Beruf aufzugehen, immer seltener widmete er sich den ehelichen Pflichten und als Waltraud ihn daraufhin direkt ansprach, verlor er zum

ersten Male die Fassung, schrie sie an, doch Waltraud vermutete, daß er sich impotent fühlte.
Wenig Kenntnisse darüber, wie sie diesem für sie neuen Phänomen begegnen sollte, fand sie einen kleinen Kreis, in dem ganz privat pornographische Filme vorgeführt wurden. Dort schleppte sie Gieselher hin und sah, wie seine Augen aufleuchteten, ein Voyeur, wie er im Buche stand, anschließend rasten sie nach Hause, aber dort — so mußte Waltraud bekümmert feststellen — versagte er.
Und da sie ohne körperliche Befriedigung nicht sein wollte, wandte sie sich wieder Gieselhers Arbeitgeber, ihrem Freunde, zu, der ihr dankbar Haus und Schlafzimmer öffnete. Das Problem Gieselher löste er einfach, er deckte ihn bis zum Kragen mit kurzfristigen Arbeiten ein, so daß dieser selten vor Mitternacht nach Hause kam.
Um diese Zeit aber lag Waltraud längst selig und befriedigt im Bett, das System funktionierte.
Durch den Anwalt lernte Waltraud andere Männer kennen und es tat ihr wohl, daß diese sie umschwärmten „wie die Motten das Licht“, so blieb es nicht aus, daß sie auch mal in anderen Betten ihre Abende verbrachte. Das ging drei Jahre gut, Waltraud langsam auf die Vierzig zu und Gisela kam in die Schule.
Das brachte eine neue Situation mit sich, Waltraud wollte aufhören zu arbeiten, um sich jetzt mehr der Tochter zu widmen. Doch hier hatte sie die Rechnung ohne Gieselher gemacht. Er lehnte strikt ab, entwarf eine Konzeption für ihren Tagesablauf, indem sowohl für Beruf wie

Kind alles genau festgelegt war und die Familie keine finanziellen Einbußen hinnehmen mußte.
Darüber dachte Waltraud nach und zum ersten Male auch über die Möglichkeit einer Scheidung. In diese Zeit fiel eine schwere Erkrankung der Mutter, die die junge Familie nach Bad Wildungen rief und Gieselher bat, ihre Vermögensverhältnisse ‚für alle Fälle' zu regeln. Schließlich war Gieselher so etwas wie ein Betriebswirt, er riet der Schwiegermutter, Waltrauds Erbschaft noch vor ihrem Tode seiner Familie zu vermachen. Das klang aus vielen steuer- und erbschaftsrechtlichen Gründen recht vernünftig, die Mutter und Gieselher gingen zum Notar und machten die Sache rechtskräftig. Dann legte sich die Mutter hin und starb, Waltraud erfuhr erst nach der Beerdigung von dieser Transaktion und war zum ersten Male in ihrer Ehe echt empört. Denn nicht zuletzt hatte sie sich von dieser Erbschaft erhofft, von Gieselher unabhängig zu werden und sich möglicherweise von ihm zu trennen.
Dieser Traum war nun aus, ratsuchend ging Waltraud zu Gieselhers Boß und ihrem Freund, dem Anwalt. Aber auch bei diesem hatte Gieselher sich nicht gerade als treuer Angestellter, sondern mehr als Hilfsbeamter des Finanzamtes erwiesen, der Anwalt mußte seine Praxis schließen und sich eine Anstellung suchen, dazu verdammte er den Tag, an dem er Gieselher engagiert hatte. Er konnte das Wort „Transparenz", das Gieselher ihm täglich dreimal für seine Bilanzen empfohlen hatte, nicht mehr hören. Das sagte er Waltraud und bezeichnete ihr gegenüber Gieselher schlichtweg als „Schwein", empfahl ihr einen

Freund, der versuchen sollte, Waltrauds Erbangelegenheiten in Ordnung zu bringen; im übrigen konnte er nichts mehr für sie tun. Für Gieselher war aber gerade dieser Schachzug ein Moment gewesen, mit dem er Waltraud endgültig an die Ehekette legen wollte. In düsteren Farben schilderte er ihr die Möglichkeiten, die er jetzt hätte, um sie zur ehelichen Treue zu zwingen. Waltraud begann ihren Mann zu hassen.

Diese Neigung beruhte auf Gegenseitigkeit, seine Impotenz verbarg Gieselher hinter immer neuen sadistischen Einfällen, mit denen er seine Frau quälte, Gewalt lag in der Luft.

Gieselher hatte inzwischen eine leitende Stellung in einem obskuren Finanzierungsunternehmen gefunden, wo er seine Habgier und seine scheinbare Macht hinter einem Schalter austoben konnte. Waltraud aber verzweifelte mehr und mehr und trug sich mit Selbstmordabsichten. Dann gewöhnte sie sich auch an diesen Zustand und fand wieder einen klareren Kopf. Eines Tages suchte sie einen Anwalt auf, der ob der geschilderten Ehezustände dringend zur Scheidung riet und auch gleich entsprechende Schritte einleitete. Gieselher bekam einen Tobsuchtsanfall, als der Brief des Anwalts bei ihm eintraf und warf Waltraud zur gemeinsamen Wohnung hinaus. Trotzdem war Waltraud nicht böse und atmete zum ersten Male seit vielen Jahren wieder frei auf, eine Entscheidung war gefallen.

Die Scheidung bereitete einige Komplikationen, da Gieselher sich wie ein Schakal sträubte, irgendwelche Vermögensvorteile an seine Frau abzutreten, aber die Weis-

heit der Richter machte nach fast einem Jahr dann doch einen Kompromiß möglich — Waltraud wurde das mütterliche Haus, etwas Geld und eine Unterstützung sowie die kleine Gisela zugesprochen.
Um sich von den Aufregungen der letzten Jahre erst einmal gründlich zu erholen, ging sie nach Bad Wildungen zurück, fand das Haus in Ordnung und geeignet, daraus eine gemütliche Pension zu machen. Und da sie nicht faul und zudem geschickt war, setzte sie diesen Gedanken so ganz nebenbei in die Tat um. Als Gäste nahm sie grundsätzlich nur erholungssuchende Herren auf und da sie eine charmante, attraktive Wirtin war, blieb es nicht aus, daß sie sich für sich selbst den jeweils ihr zusagenden Mann aussuchen konnte. Das Angebot war reichlich, Waltraud wurde nach wie vor umschwärmt und findet es heute noch — sie ist inzwischen fünfzig — schön, ihr Leben endlich so gestalten zu können, wie sie es will.
Weise im Umgang mit Männern geworden, weiß sie, daß jeder Mann seine Vor- und Nachteile hat, so kompensiert sie die Vorteile miteinander, wobei es manchmal kleine Eifersüchteleien und Geplänkel gibt, ihrer dominierenden ruhigen Art aber gelingt es bis heute, weiteren echten Schwierigkeiten aus dem Wege zu gehen.
Gieselher sieht sie ganz selten und es erfüllte sie noch nicht einmal mit Genugtuung, als sie hörte, daß er sich mit Dollarspekulationen den finanziellen Hals gebrochen hatte. Nur sein Ansinnen, ihm erneut ihr Vermögen zur Verwaltung anzuvertrauen — schon im Interesse des Kindes, wie er sagte — lehnte sie ruhig und bestimmt ab, seine Vorstellungen von ‚Transparenz‘ deckten sich ab-

solut nicht mit den ihren. Ihren sexuellen Neigungen geht sie mit dem Vergnügen einer erfahrenen Frau nach, die erkannt hat, daß auch Frauen ihres Alters keineswegs zum „alten Eisen“ gehören. Kosmetik, Körper- und Gesundheitspflege lassen sie hoffen, am Leben noch sehr lange aktiv teilzuhaben. Sie fürchtet sich nicht.

Der Fall Petra L.:

Sie war als Kind in der Welt herumgekommen, ihr Vater war ein bedeutender Erfinder und liebte es, seine Familie bei sich zu haben. Dann — eines Tages — raffte ihn ein Herzinfarkt dahin, zurück blieben Petra und ihre Mutter. Finanzielle Sorgen hatten sie keine, die Erträge aus Vaters Erfindung erlaubten ihnen ein sorgloses Leben.
Aus steuerlichen Gründen zog sich die Mutter in die Schweiz zurück, am Vierwaldstätter See baute sie ein schönes Haus in idyllischer Einsamkeit. Petra wurde in den besten Schweizer Internaten erzogen, lernte dadurch viele Menschen kennen und hatte, als sie mit neunzehn ihr Abitur machte, einen Sack voll guter Beziehungen.
Sie drang in die Mutter, in eine Großstadt zu ziehen, und da steter Tropfen den Stein höhlt, wurde eines Tages noch eine Eigentumswohnung in Stuttgart — der Heimat des Vaters — gekauft. Dort lebte Petra, fühlte sich wohl und hielt Kontakt zu vielen jungen Menschen und deren revolutionären Gedanken und Ideen, engagierte sich mit dem Elan einer jungen Frau, die in jeder Hinsicht unabhängig war.

Robert lernte sie in einem Arbeitskreis für die Überwindung des kapitalistischen Systems kennen. Sie war sich nicht ganz im klaren darüber, was da alles gesprochen wurde, aber Robert imponierte ihr allein von seinem Auftreten her, sie sah keinen Anlaß, nicht mit ihm zu schlafen.
Daraus wurde ein Verhältnis und kaum ein Jahr später war Petra schwanger. Robert — der revolutionäre Sozialist, wie er sich gern selbst bezeichnete — machte in einem bürgerlichen Schwächeanfall den bourgeoisen Vorschlag, zu heiraten. Petra lehnte ab mit der Gegenfrage, woher er die Sicherheit nehme, daß er der Vater sei. Das traf Robert tief, er verließ Petra für eine Weile und diese sah sich jetzt den bohrenden Fragen der Mutter ausgesetzt, wer denn nun der Vater des werdenden Kindes wirklich sei. Aber auch die Mutter konnte von Petra nichts Näheres erfahren, so verfiel sie auf die Idee, das Kind abtreiben zu lassen. Sie — die Mutter — hatte schon alles geregelt, einen erstklassigen Arzt, danach ein Sanatorium in der Schweiz, niemand würde etwas von der „Schande" erfahren.
Spätestens jetzt aber mußte die Mutter erkennen, daß Petra sich eigene Vorstellungen vom Leben machte — sie lehnte eine Abtreibung rundweg ab.
So wurde der Junge am sechsten Dezember geboren und Nikolaus getauft — Petra rief ihn Nicki. Freunde und Bekannte versuchten noch eine Zeitlang herauszufinden, wer wohl der Vater sein könne, selbst Robert stellte insgeheim Vergleiche zwischen sich und dem Jungen an, die Wahrheit aber erfuhr niemand. Robert wurde von Petra

wieder in Gnaden aufgenommen, da er versprochen hatte, nie wieder „dumme Fragen“ zu stellen und sich keine, ihm nicht zustehenden Rechte anzumessen. Petra begann zu studieren, Physik und Mathematik, insoweit schlug sie ihrem Vater nach, Nicki war in der Obhut einer Kinderschwester, die Petra sich leisten konnte.
Und da Robert sich immer mehr zum Vasallen Petra's entwickelte, trieb sie weitergehende Studien mit anderen Männern, wobei sie weder vor dem Dekan ihrer Fakultät, noch vor einem Arbeiter der Boschwerke halt machte. Die Männer waren alle verschieden, in ihren Besitzansprüchen aber alle gleich, ohne Rücksicht darauf, ob sie ledig oder verheiratet waren. Petra stellte es amüsiert fest, Robert brachte es auf die Palme. Als Nicki sechs Jahre alt wurde und zur Schule mußte, verließ er sie endgültig und ging in seine Heimat zurück. Petra weinte ihm keine Träne nach.
Ihr Freundeskreis blieb davon unberührt, nach wie vor ging sie eifrig ihren Studien nach und war Nicki eine gute Mutter, soweit das Studium ihr dazu Zeit ließ.
Dann trat ein Arzt in ihr Leben — Adolf — dem sie mehr als nur ein sexuelles Abenteuer bedeutete. Behutsam und zart warb er um sie und machte ihr eines schönen Tages einen Heiratsantrag. Petra sah Adolf nicht ungern, verhehlte ihm aber auch nicht, daß er nicht der einzige Mann in ihrem Leben sei und auch nach einer Eheschließung nicht sein könne. So bestanden von vornherein keine Unklarheiten.
Adolf bewunderte an Petra die Selbstsicherheit und Unabhängigkeit, mit der sie über diese Frage sprach. Und

trotz dieser Warnung hielt er an seinem Heiratsangebot fest. Nachdem auch Nicki zugestimmt hatte, wurde geheiratet. Petra machte ihrem Sohn von vornherein klar, daß Adolf nicht sein Vater sei, weswegen auch kein Grund bestünde, ihn so zu titulieren, so nannte Nicki ihn kurz und bündig bei seinem Vornamen: Adolf.

Wider jede Erwartung ging die Ehe gut, sehr gut sogar, obwohl Petra sich ihre Freunde suchte, wo immer sie sie brauchte oder haben wollte.

Trotzdem gab es ernsthafte Gespräche zwischen ihnen, die aber in aller Offenheit und Klarheit geführt wurden. Petra meinte, vielleicht sei sie leicht nymphoman veranlagt, Adolf dagegen glaubte eher, daß sie polyandrös veranlagt sei. Sie diskutierten nächtelang, ohne die Frage zu lösen. Dann trat Ernst auf den Plan und brachte einige Komplikationen mit sich. Ernst war Automobil-Ingenieur, ein Fach, von dem Petra inzwischen nach abgeschlossenem Studium etwas mehr verstand, als von der Medizin, so kam es zu einer engen Kommunikation zwischen beiden, die in der Forderung an Adolf endete, Ernst in den gemeinsamen Haushalt aufzunehmen.

Adolf war weiß Gott kein prüder Kleinbürger, aber angesichts der gesellschaftlichen Verhältnisse in der schwäbischen Hauptstadt fürchtete er doch Nachteile für alle drei, wenn dieser Vorschlag praktiziert würde. So mußte weiter diskutiert werden, während Petra auf ihrer Forderung beharrte. Adolf bat die Schwiegermutter um Rat, diese war von ihrer Tochter zwar allerhand gewöhnt, doch jetzt war sie empört. Schnell eilte sie aus der Schweiz herbei um zu hören, ob Petra nun völlig übergeschnappt sei. Es traf sie bitter, vorgeworfen zu bekommen, daß sie von diesen Dingen und Vorgängen „nichts“ verstünde. Beleidigt reiste sie ab und bedauerte insgeheim, daß sie nicht über Petras Vermögen verfügen konnte, denn so hätte man das „verrückt gewordene“ Kind vielleicht steuern können.

Petra aber war Pragmatikerin, auf dem Killesberg fand sie ein Haus, das sich wie geschaffen für eine Ehe zu Dritt eignete. Kurzerhand mietete sie es, richtete es nach ihren Vorstellungen ein und stellte sowohl Adolf wie auch Ernst eines Tages vor vollendete Tatsachen.

Das war zwar eine Überraschung, aber da Petra wirklich gut geplant hatte, hatten beide wenig Argumente dagegen einzuwenden. Die Stadt und was sich ihre Gesellschaft nannte, zerriß sich noch wenige Monate die Mäuler ob solchen Tuns, da aber niemand etwas Genaues wußte, gewöhnte man sich an den Zustand, daß Petra L. immer in Begleitung „ihrer“ beiden Männer auftauchte und da auch Nicki trotz zunehmender Neugierde kein böses Wort über Adolf und Ernst fallen ließ, goutierte man den Zustand. Die Ereignisse der Zeit taten ein übriges, den Mantel des baldigen Vergessens über die „schokkierende Tatsache“ zu legen, im Gegenteil, heute gilt es als schick, Petra und ihre Männer zu Parties einzuladen.

Zwischenbilanz der Probleme

Die bisher geschilderten Fallstudien haben eines gemeinsam: immer waren es schicksalsbedingte Gründe, die Frauen in die Hände eines zweiten Mannes getrieben haben. In den meisten Fällen war es Enttäuschung über den eigenen Mann, aber auch Trotz und Verzweiflung, das Gefühl sich selbst behaupten zu müssen oder die Verletzung ihrer fraulichen Würde.

Männer neigen dazu, Frauen, insbesondere „ihre" Frau, als eine Selbstverständlichkeit zu betrachten, als etwas ihnen Gehöriges, sie stellen Besitzansprüche, die sie sich selbst gegenüber niemals akzeptieren würden.

Natürlich entstehen daraus Probleme. Einige von ihnen sollen hier behandelt werden.

a) **Die Kinder**

Das größte Handicap für eine Frau, sich guten Gewissens einen zweiten Mann zu suchen, sind das oder die Kinder. Die Familie und der Mann erwarten von ihr, daß sie den Kindern Vorbild und Erzieherin in einem ist, in den wenigsten Fällen verfügt der Mann über die entsprechende Begabung und die entsprechende Zeit, sich verantwortlich um die Kinder zu kümmern.

So wird die Frau zur zentralen Bezugsperson, auf die sich das Denken und Handeln der Kinder ausrichtet. Kindergärten und Schulen, in denen versucht wird, andere Bezugspersonen für die heranwachsenden Kinder „aufzubauen“, sind in den meisten Fällen gescheitert. So fällt die Verantwortung auf die Mutter zurück. Das hindert sie selbst nach Erkenntnis des Scheiterns einer dauernden Bindung an einen Mann, die Hemmschwelle zu überwinden und sich den Ausgleich bei einem zweiten Mann zu suchen.

Dies führt zwangsläufig zu Spannungen in der bestehenden Bindung, Spannungen aber wiederum vereiteln die jetzt dringend notwendige Kommunikation. Menschliche Katastrophen bahnen sich an, ohne daß sie psychologisch abgebaut werden könnten.

In allen größeren Städten wurden inzwischen Eheberatungsstellen eingerichtet, da sowohl die Kommunen, wie der Gesetzgeber um diese Problematik wissen. Ihre Effizienz allerdings ist noch nicht überschaubar. Zurecht werden alle auftretenden Fälle vertraulich behandelt, Lösungen aber sind bisher noch nicht in Sicht.

Wenn diese Eheberatungsstellen aber nur den einen Erfolg haben, daß beide Partner sich wieder miteinander verständigen, wieder zusammen sprechen können, dann haben sie schon eine sehr wichtige Funktion erfüllt. Denn allein die Tatsache, daß Menschen miteinander über gemeinsame Probleme sprechen können, ist schon die halbe Bewältigung des Problems.

Natürlich wird der Wunsch der Frau nach einem zweiten Mann dem Ehemann mit all seinen verbrieften Rechten zutiefst widerstreben. Aber da keine Wirkung ohne Ursache ist, wird ein vernünftiger Mann die Schuld nicht allein bei der Frau suchen, sondern auch sein eigenes Verhalten überprüfen.

Natürlich erschweren in diesem Zusammenhang die gemeinsamen Kinder die Situation und bedingen gründliche Überlegungen. Wenn aber der Mann nicht in der Lage ist, seiner Frau volle Erfüllung ihres Lebens und der Erwartungen, die sie daran stellt, zu geben, muß in gemeinsamer Besorgnis ein Ausweg gefunden werden.
Zu verschieden sind hier im einzelnen die Fälle gelagert, als daß ein Patentrezept gegeben werden könnte. Eine Lösung aber muß — trotz der Kinder — gefunden werden, soll die Gemeinsamkeit und all das zusammen erworbene und „Erlebte" nicht zerstört werden. Verletzte Eitelkeit und verletzter Stolz dürfen für den Mann kein Hindernis und kein Grund sein, der Frau ihr Recht zu versagen. Ist er selbst nicht in der Lage, ihr dieses Recht zu geben, hat er sich damit abzufinden, daß die Frau sich die Ausgleichsrechte anderweitig sucht.
Eine Frau wird dabei nie die Grenzen verlassen, die ihr moralisches Denken und gesellschaftliche Vorurteile seit Jahrhunderten anerzogen haben, dafür hat sie viel zu viele Möglichkeiten der Anpassung an vorhandene Gegebenheiten. Nur wenn man sie hindert, ihr ganzes Glück zu suchen, ist sie zu spektakulären Schritten bereit. Dann aber wird sie sie auch mit allen Konsequenzen gehen und ob das dann die richtige Lösung ist, können nur beide Ehepartner selbst beurteilen.

b) **Das Vermögen**

Jede eheliche Gemeinschaft in unserer Wohlstandsgesellschaft bringt es schon aus gesellschaftlichen Gründen zu bestimmten Erwerbungen. Die Beurteilung solcher materieller Vorteile ist je nach gesellschaftlicher Schichtung verschieden. Für den einen kann der VW sein ein und alles sein, beim zweiten ist es das Haus, beim dritten der Aktienbesitz.

Fest aber steht, daß es sich immer um die Anhäufung mehr oder minder großer materieller Werte handelt, die bei Auseinandersetzungen eine Rolle spielen.

Gerade diese Vermögen aber werden gerne von Männern als Druckmittel auf die Frau eingesetzt, wenn sie sich mit bestehenden Verhältnissen nicht mehr einverstanden erklärt.

Neben den psychischen Folgen beim Mann nach der Erklärung „seiner" Frau, sich einen zweiten Mann suchen zu wollen, ist es die Angst, das gemeinsam Erworbene ganz oder teilweise zu verlieren, ja, möglicherweise alles teilen zu müssen.

Diese Basis ist — richtig besehen — ein Vorteil für die Frau. Der Mann hält viel mehr als die Frau von Geld und Gut. Das ist es ja, worum er kämpft, womit er sich und seiner Umgebung beweist, was für ein tüchtiger Bursche er ist. Der Verlust von auch nur Teilen dieses Besitzes — in den er automatisch die Frau einbezieht — bereitet ihm seelische und körperliche Schmerzen. Sein Image — so meint er — wird dadurch angekratzt und dies ist sein Hauptbeweggrund, alles zu tun, um den Besitzstand zu erhalten. Dafür ist er auch zu Konzessionen bereit, zu Kompromissen, die möglicherweise auch den zweiten Mann beinhalten, sofern dieser keine materiellen Besitzansprüche stellt, sein Verhältnis quasi im Dunkeln bleibt und wie der Besuch beim Arzt eine zwingende Notwendigkeit darstellt.

Solange das Ansehen der Familie, der äußere Schein, dabei gewahrt bleiben können, ist hier die Möglichkeit einer Regelung gegeben. Ob eine solche Regelung allerdings eine Dauereinrichtung werden kann, darf mit Fug und Recht bestritten werden, denn der Mann betrachtet ja auch die Frau als einen Teil seines „Vermögens", als seinen Besitz. Er wird es auf die Dauer kaum verschmerzen, daß ihm dieser jetzt plötzlich wieder wichtige Teil seines Vermögens nicht mehr ganz und ausschließlich alleine gehören soll.

Hier liegen die psychischen Spannungsmomente, die irgendwann ihre Explosion suchen.

Dann aber, wenn erst einmal der Rechenstift an ein bisher gemeinsam verbrachtes Leben gelegt wird, beginnen die echten Probleme. Der Mensch in der Industriegesellschaft mit all ihrem Komfort sieht sich gar nicht mehr in der Lage, auf all die Errungenschaften der modernen Haushaltstechnik zu verzichten. Wie aber teilt man einen Kühlschrank, eine Spülmaschine oder gar einen Mercedes?

Soll ein solches Auseinandersetzungs-Verfahren nicht zur Abwertung aller menschlichen Achtung werden, wird von einer Seite immer eine bestimmte Großzügigkeit vorausgesetzt. Natürlich wird damit im Normfall die „schuldige Seite" gemeint sein.

Wer aber ist wirklich schuld, wenn die Dinge erst einmal so weit gediehen sind? Die Frau? Nur deswegen, weil ihr Mann nicht in der Lage ist, ein wirkliches Eheleben zu führen?

Dieses Problem beschäftigt deutsche Scheidungsrichter

tagtäglich. Die höchstrichterliche Rechtsprechung zu § 55 des Ehegesetzes von 1938 und zu § 48 des Ehegesetzes von 1946 sagt dazu:

„Das Reichsgericht hielt den Widerspruch des nicht oder minder schuldigen Ehegatten in der Regel für unbeachtlich, weil es nicht der Sinn des Gesetzes sei ‚einen schuldigen Ehegatten durch Festhalten an einer Scheinehe zu bestrafen'. Der Bundesgerichtshof lehnte zunächst jedes Verhältnis von Regel und Ausnahme für die Beachtlichkeit des Widerspruchs ab und überließ die Beurteilung dem pflichtgemäßen Ermessen des Richters im Einzelfall.

In der Folge entwickelte er seine Rechtsprechung aber dahin, daß der Widerspruch nur dann unbeachtlich sei, wenn eine Fehlehe vorliegt, die nie zu einer erfüllten Lebensgemeinschaft geführt hatte, oder wenn auch der widersprechende Ehegatte eine echte, innere Bindung an die Ehe verloren hat und es ihm an einer wirklichen Bereitschaft fehlt, die Ehe fortzusetzen."

Der Bundesgerichtshof ging also nunmehr davon aus, daß der Widerspruch eines Ehegatten gegen die Scheidung im Regelfall auf anerkennenswerten Beweggründen beruht und deshalb grundsätzlich zu beachten sei: Eine Scheidung nach § 48 des Ehegesetzes von 1946 war damit gegen den Willen des Ehegatten, dem kein oder nur ein minderes Verschulden an der Zerrüttung nachgewiesen werden konnte, praktisch unmöglich geworden. Diese Auslegung führte insbesondere in den Fällen, in denen die Ehegatten durch die Kriegsereignisse getrennt worden waren, bei Widerspruch des im Ausland zurückgebliebenen Ehegatten zur Unscheidbarkeit der Ehe, obwohl die Ehegatten durch die 15 Jahre und länger dauernde Trennung inzwischen einander fremd geworden waren und eine Zusammenführung in absehbarer Zeit nicht im Bereich des Möglichen lag.

Trotzdem wurden die Kernsätze dieser Rechtsprechung durch das Familienrechtsänderungsgesetz 1961 in das Ehegesetz übernommen. Seither setzen jene Reformbestrebungen wieder verstärkt ein, deren Anfänge auf die Zeit unmittelbar nach dem 1. Weltkrieg zurückgehen.

Am 18. Juni 1957 wurde das Gleichberechtigungsgesetz ins Bürgerliche Gesetzbuch aufgenommen. Ihm liegt jedoch zum Teil ein Eheverständnis zugrunde, das dem heutigen Verständnis von der Gleichberechtigung von Mann und Frau in der Ehe nicht mehr entspricht: Dem Manne kommen gewisse Vorrechte zu und grundsätzlich soll nur er einer Erwerbstätigkeit nachgehen, während der Frau die Führung des Haushaltes zugewiesen wird. So ist der Ehename der Name des Mannes; die Frau hat den Haushalt zu führen und ist zu einer Erwerbstätigkeit nur berechtigt, soweit dies mit ihren Pflichten gegenüber der Familie vereinbar ist. War schon dies eine Knebelung der Rechte der Ehefrau, so erst recht folgender Kernsatz: „Eine Zuwiderhandlung stellt die Verletzung einer ehelichen Verpflichtung dar, die den Mann berechtigen kann, auf Scheidung zu klagen!“

Die endgültige Versklavung der Frau aber hatte der Gesetzgeber so gefaßt: „Sie (die Frau) ist aber verpflichtet, daneben erwerbstätig zu sein, wenn das Arbeitseinkommen des Mannes und die sonstigen Einkünfte der Eheleute zum Unterhalt nicht ausreichen. Eine Verpflichtung des Mannes, in diesem Fall einen Teil der Hausarbeit zu übernehmen, ist im Gesetz nicht ausdrücklich vorgesehen."

Diese Regelungen werden dem heutigen Verständnis der Ehe als einer partnerschaftlichen Verbindung von Frau und Mann nicht mehr gerecht. Das geltende Scheidungsrecht geht im allgemeinen von zwei Tatbeständen aus:

1. Ein Ehegatte kann Scheidung begehren, wenn der andere Ehebruch begangen hat.
2. Ein Ehegatte kann Scheidung begehren, wenn der andere durch eine schuldhaft schwere Eheverfehlung die Ehe unheilbar zerrüttet hat.

Interessant ist in diesem Zusammenhang, daß nach Erhebungen des Statistischen Bundesamtes im Jahre 1971 mehr als 94 Prozent aller Scheidungen wegen des Punktes 2. und nicht mal ganz ein Prozent allein wegen Ehebruchs geschieden wurden. Die restlichen Scheidungsgründe waren kombiniert aus 1. und 2.

An den geltenden Scheidungsvorschriften wird daher seitens der Frau berechtigte Kritik geübt.

Die bisher geschilderten Fallstudien haben erwiesen, daß jede Entscheidung einer Frau, sich einem zweiten Partner zuzuwenden, verschieden gelagert ist. Alle Entscheidungen aber waren schicksalhaft bedingt. Darum geht das neue Gesetz zur Reform des Ehe- und Familienrechtes auch von wichtigen Erkenntnissen aus. Die hervorragendsten sind folgende:

a) Die einwandfreie Feststellung, welcher der beiden Ehegatten die Zerrüttung schuldhaft verursacht hat, gelingt selten.
b) Es fehlen ausreichende und für jeden Fall verbindliche Maßstäbe dafür, wann das Verhalten eines Ehegatten eine Eheverfehlung darstellt.
c) Es ist unerwünscht, daß der Richter den inneren Lebensbereich der Ehegatten erforschen muß.
d) Der Streit zwischen den Ehegatten wird unnötig verschärft. (Wenn die Scheidung der Ehe und die Regelung der Scheidungsfolgen vom Verschulden des anderen Ehegatten abhängen, werden die Ehegatten dazu gedrängt, sich gegenseitig Verfehlungen vorzuwerfen und deren Bedeutung zu übertreiben, obwohl oft beide wissen, daß ihre Ehe aus mannigfaltigen anderen Gründen zerstört wurde.)
e) Der Schuldausspruch wird im geltenden Eherecht überbewertet. (Wegen einer einmaligen schweren Eheverfehlung kann eine Frau — auch nach jahrzehntelanger gut geführter Ehe — geschieden werden, ohne einen Anspruch auf Unterhalt zu haben.)

Und gerade hier liegt der Hase im Pfeffer. Nach geltendem Recht *muß* ja die Frau den Namen des Mannes annehmen, sie *muß* ihm den Haushalt führen, sie *muß* ihm — sofern er das wünscht und sie dazu in der Lage ist — Kinder gebären und sie *muß* — sofern er das wünscht und allein zur Ernährung der Familie nicht in der Lage ist — arbeiten gehen. Wo bleibt da die Gleichberechtigung?

Ist es ein Wunder, daß die Frau sich aus dieser entsetzlichen Bevormundung des Mannes freimachen, ein eigenes Leben aufbauen und dies nach ihren Vorstellungen gestalten will?

Zumal der Mann in „seine“ Gesetze auch noch erhebliche Nachteile für die Frau eingebaut hat, die sie wie einen Hofhund an die Kette legen. Hier ein paar Beispiele:

a) Die Ehefrau hat niemals einen gesetzlichen Unterhaltsanspruch, wenn sie schuldig geschieden ist, auch wenn die Ehe von langer Dauer war und die Frau sich nicht durch eine Erwerbstätigkeit oder sonstiges Einkommen selbst zu unterhalten vermag. Ist der Ehemann für mitschuldig erklärt, steht ihr allenfalls ein Billigkeitsanspruch zu.

b) Auch die schuldlos geschiedene Ehefrau hat nach geltendem Recht keine gesicherte Stellung, wenn sie unterhaltsbedürftig ist. Heiratet der Ehemann zum zweiten Mal, verkürzt sich in der Regel ihr Unterhaltsanspruch durch den Unterhaltsanspruch der zweiten Ehefrau.

c) Hat die Frau in Erwartung oder während der Ehe eine Berufsausbildung abgebrochen, kann sie sich bei der Regelung des Unterhalts nach der Scheidung nicht darauf berufen, diese Ausbildung nunmehr fortsetzen und abschließen zu wollen, und zwar selbst dann nicht, wenn der Mann in den ersten Ehejahren seinerseits noch in der Ausbildung stand und die Ehefrau zum Unterhalt mitverdient hat. Hierdurch werden vor allem jüngere Ehefrauen benachteiligt.

d) Die während der Ehe nicht berufstätige Frau ist in ihren Versorgungsansprüchen bei einer Scheidung da-

durch benachteiligt, daß sie in der Ehezeit regelmäßig keine eigene Versorgung für ihr Alter und den Fall der Berufs- oder Erwerbsunfähigkeit aufbauen konnte; die Ehejahre gehen ihr insoweit verloren.
Der Mann dagegen hat in der gleichen Zeit in der Rentenversicherung oder als Beamter Versorgungsanwartschaften erworben, die von der Frau miterwirtschaftet worden sind.
Wird die Ehe geschieden, so geht ihr die Beteiligung an der Versorgung des Mannes — sofern sie keine Witwenrente erhält — verloren.
Die Frau erleidet also einen doppelten Nachteil. Demgegenüber hat der im Erwerbsleben stehende Ehemann geringere wirtschaftliche Einbußen durch die Ehescheidung zu befürchten. Für den Unterhalt, den er gegebenenfalls nach der Scheidung zu zahlen hat, muß er auch während der bestehenden Ehe aufkommen. Er kann im allgemeinen mit einem beruflichen Aufstieg rechnen, der die Mehraufwendungen ausgleicht. Ist der Ehefrau nach der Scheidung eine Erwerbstätigkeit zuzumuten, so hat sie es indessen nicht leicht, wieder einen angemessenen Anschluß im Berufsleben zu finden.
Wenn sich dies alles auch kaum glaubhaft liest, so soll doch mit allem Nachdruck darauf hingewiesen werden, daß dies nach wie vor geltendes Recht ist.
Ja, es darf in diesem Zusammenhang auch nicht unerwähnt bleiben, daß der geschiedenen Ehefrau die Weiterführung des Familiennamens untersagt werden kann. Dieser glatten „Strafmaßnahme“ ist der geschiedene Ehemann nicht ausgesetzt.

Wohlgemerkt, all diese vorsintflutlichen Vorschriften gelten ausschließlich in der so fortschrittlichen Bundesrepublik Deutschland. Im Ausland ist man mit den Reformen schon wesentlich weiter. Grundsätzlich geht man dort davon aus, daß an einer Zerrüttung der Ehe beide Partner einen bestimmten Schuldanteil haben. So tritt dort an die Stelle der Schuldfrage die objektive Zerrüttung der Ehe als Scheidungsvoraussetzung in den Vordergrund. Und eine Zerrüttung wird meist dann angenommen, wenn beide Ehegatten die Scheidung beantragen und der Wille der Parteien, geschieden zu werden, nachgewiesenermaßen über eine gewisse Zeit fortbestanden hat.
Dieses Prinzip gilt im übrigen sowohl in der westlichen, wie in der östlichen Welt. Die osteuropäischen Staaten zum Beispiel haben von 1956 bis 1968 neue Bestimmungen über die Ehescheidung erlassen. Alle diese Rechte gehen vom Zerrüttungsprinzip aus (Ungarn 1956, Tschechoslowakei 1963, Polen 1964, Albanien 1965, Jugoslawien 1965, Rumänien 1966, Bulgarien 1968, UdSSR 1968).
Wie aus all dem hervorgeht, sind die vermögensrechtlichen Auseinandersetzungen für die Frau genau genommen nur von Nachteil. Ein Umstand, der viele Frauen heute noch in eine zwar nicht mehr akzeptierte, sondern nur noch erduldete Ehe zwingt.

c) **Psychologische Probleme**

Findet die Frau im Zusammenleben mit dem Mann nicht mehr die von ihr erhoffte und ersehnte Erfüllung, steht sie vor einer Entscheidung.
Je nach Veranlagung wird sie diese Entscheidung vor sich

herschieben, immer in der Hoffnung, daß es „eines Tages“ doch wieder besser werden könne. Muß sie resigniert feststellen, daß diese Hoffnung falsch war, tritt der Tag der Wahrheit und der Erkenntnis an sie heran. Jetzt genügt der berühmte kleine Funke, um die Frau in die Arme des zweiten Mannes zu treiben.

Die Folgen sind mannigfach.

Die Scham über die Verfehlung tritt an erster Stelle in ihr Bewußtsein. Hat sie nicht geschworen, in guten und in schlechten Tagen *treu* zu ihrem Mann zu halten? Und was ist jetzt geschehen? Sie hat sich einem anderen Mann hingegeben. Allein der Gedanke läßt sie nachträglich erschauern und treibt ihr die Schamröte ins Gesicht. Je nach Charakter wird dieser erste Schritt „vom Wege“ nachhaltige psychische Veränderungen hervorrufen. Sie wird für eine mehr oder minder lange Zeit — je nach Veranlagung — das Schamgefühl nicht los, sie wird sich dadurch in ihrem Wesen verändern, wird glauben, daß man ihr den Seitensprung von der Nase ablesen oder im Gesicht ansehen kann.

Was aber hat sie wirklich getan? War sie untreu, nur deshalb, weil ihr Mann nicht mehr in der Lage war, ihr das zu geben, wonach sie sich sehnte? Dabei muß es nicht unbedingt tatsächlich zu einer sexuellen Verbindung gekommen sein. Allein die Tatsache, einem anderen Manne Sympathie entgegengebracht zu haben, vorübergehend den eigenen Mann vergessen zu haben, kann solche Schamgefühle auslösen und zu seelischen Komplikationen führen.

Wohl der Frau, die sich in solchen Fällen aussprechen

kann. Gleichgültig, ob es sich hierbei um eine Religionsgemeinschaft mit ihren oft strengen moralischen Auffassungen handelt, oder ob es — was in unserer Zeit mehr empfehlenswert ist — die Konsultation eines Psychologen ist, eine Aussprache wird der Frau über die Scham hinweghelfen, wird ihr Erleichterung verschaffen, wird sie über die Dinge anders denken lehren.

Welche Frau aber sucht eine solche Aussprache? Welche Frau ist bereit, ihre intimsten Sorgen vor einem anderen Menschen in einem offenen Gespräch darzulegen? Leider die wenigsten.

So baut sich ein neues Gefühl auf, das Gefühl, den Mann betrogen zu haben. Und da er es ist, der die Gesetze — ob weltliche oder göttliche Macht — über Betrug gemacht hat, hat er auch gleichzeitig dafür gesorgt, daß die angedrohten Strafen für einen solchen Betrug entsprechend hart ausfallen. Diese Strafen vor Augen, wird die Frau dieses Gefühl „ich habe betrogen“ zwar immer mit sich herumschleppen, aber sie wird es in sich hineinfressen, wird es zu verbergen suchen, mit anderen Gefühlen (übertriebene Sorge für Mann, Kinder und Familie) zu kompensieren suchen und wird sich eines Tages allein schon dadurch verraten. Und da die Frau eine viel schlechtere Schauspielerin ist als der Mann (wenn viele auch das Gegenteil annehmen), wird sie eines Tages unter der Last ihrer „Schuld“ zusammenbrechen und die Wahrheit „gestehen“. Die Szene wird zum Tribunal, erst die Familie, dann die Gesellschaft werden sie „richten“. Und wieder muß die Frage erlaubt sein: Was hat die Frau denn eigentlich verbrochen? Worin liegt denn ihre Schuld, daß man mit dem Finger auf sie zeigt und sagt oder doch zumindest denkt: Da, schaut sie euch an, so sieht sie aus, die Betrügerin, die Ehebrecherin, die ihrer Familie ins Gerede, in Schmach und Schande bringt.

Und wer denkt da schon daran, daß vielleicht auch der Mann und die Gesellschaft, die jetzt so hart urteilen, ein gerütteltes Maß an Schuld mit an der Situation haben. Natürlich wissen unsere Richter und Ehepsychologen um diese Situation und tragen ihr in vielen Fällen vernünftigerweise schon Rechnung. Die Bürde der Schuld wird aber deshalb noch lange nicht von der Frau genommen.

Denn es ist ja unsere Gesellschaft und ihre Ordnung, die ein großes Maß an Verantwortung für diesen Zustand trägt. Die Parteien und Parlamente sind es ja, die uns zur „Leistungsgesellschaft“ hochstilisiert haben, die vom Manne und auch von der Frau das Äußerste fordern. Wen kann es da verwundern, daß der Mann in der Familie nicht mehr die glückliche Erfüllung und Krönung seines Lebens sucht, sondern sie mehr als Sanatorium für seine Fitness dem Leistungszwang gegenüber betrachtet.

So gesehen kann es nicht verwundern, wenn neue ideelle Sekten und Gemeinschaften gerade in der Industriegesellschaft einen guten Nährboden und immer mehr Anhänger finden, ob es Hippies, die Hare-Krishna-Bewegung, die Zeugen Jehovas oder ganz einfach die Gammler sind. Sie alle haben — bewußt oder unbewußt — erkannt, daß das ihnen von Staat und Gesellschaft vorgeschriebene Leben die Zerstörung ihrer Persönlichkeiten bedeutet und darum brechen sie aus, sind auf der Suche nach einem neuen Leben, nach einem neuen Selbstverständnis, auf der Suche nach einer Möglichkeit, sich diesem Leistungsdruck zu entziehen. Zu bedauern sind die, die diese Möglichkeit bei Drogen suchen. Und es darf niemand verwundern, wenn die Zahl der Drogensüchtigen, insbesondere bei Menschen mit hoher Verantwortung, immer mehr anwächst.

Die Frau aber — ihrem Wesen entsprechend — hat all diese Möglichkeiten nicht. Sie, die in der Verantwortung groß geworden und nie etwas anderes kennengelernt hat, wird trotz ihrer Verzweiflung sich dieser Verantwortung nicht freiwillig entziehen.
Der Mann tut sich da leichter. Sein Bewegungsspielraum und auch sein Gewissen ist größer, hat mehr Platz für neue Erlebnisse und für die Gestaltung eines eigenen Lebens außerhalb der Familie. Und sofern kein verräterischer Lippenstift auf seinem Hemdkragen für eine unangenehme Überraschung sorgt, weiß er sich sicher, denn er ist auch der bessere Lügner.
So wird die Frau vor die Wahl gestellt, in ihrem engen, begrenzten Rahmen einen Ausweg zu suchen. Dies aber bedeutet, daß sie vorab eine Fülle von Hemmungen abbauen muß und an dieser Hemmschwelle scheitern die meisten geplanten Unternehmungen. Geradezu verzweifelte Taten sind den Ehepsychologen bekannt geworden. So haben Frauen an sich selbst bei der Post einen geringen Betrag abgeschickt und sind dann dem Geldbriefträger im verführerischen Negligé gegenübergetreten. Dies ist nur eines von zahllosen Beispielen, auf welch oft absurde Ideen Frauen verfallen können. Schlimmer sind die

„Kavaliere“, die sich heute in nahezu allen Zeitungen der Großstädte ungeniert „für Sie“ anbieten, um die Verzweiflung und seelische Einsamkeit der Frauen wohl wissend. Ist aber der erste Schritt einmal getan, gleich in welcher Form und aus welchen Beweggründen, entwickelt die Frau schon aus Selbstbehauptungsgründen einen Trotz, mit dem sie sich selbst das Recht auf den zweiten Mann zugesteht. Und wenn es nicht Scham oder Verzweiflung sind, die sie eines Tages verraten, dann wird es dieser Trotz sein, dieses feste Beharren auf dem Recht, das sie sich anmaßt und auch dies führt konsequent zu ihrer Entdeckung.

Was aber wird entdeckt?

Die Frau ist unzufrieden, die Frau ist unbefriedigt, die Frau entbehrt das Wichtigste, was sie von ihrem Manne erwartet — Liebe. Er, allem Materiellen mehr zugetan als die Frau, wundert sich. Er gibt ihr alles, gönnt ihr jedes Vergnügen (nur sich nicht), ist ihren materiellen Wünschen gegenüber aufgeschlossen. Und er kann und er will nicht verstehen, daß die Frau all diese Dinge mit Vergnügen gerne aufgeben würde, wenn sie das Rad der Zeit zurückdrehen könnte und dafür wieder einen Mann hätte, ihren Mann.

Hier scheiden sich die Geister und die sechzig Billionen Chromosomen, die die Frau vom Manne unterscheiden.

Die Folgen sind zwangsläufige, oft unangemessene Vorwürfe und Streitereien, die die Ehre und die Würde der Frau verletzen. Niemand ist so begabt, eine Frau zu beleidigen, wie der eigene Mann. Denn er kennt sie ja, er weiß, wo er sie treffen kann, wie er sie verletzen kann.

Aber er ist es auch, der eines Tages überrascht und verwundert erkennen muß, wie die „Sünderin“, zu der er sie gestempelt hat, sich wieder aufrichtet, wie sie ihr Selbstbewußtsein wieder herstellt, wie trotzige Selbstbehauptung sich einen Ausweg aus dem Dilemma sucht. Und kein Mann soll sich wundern, wenn er eines Tages alleine dasteht, wenn die Frau die letzte Konsequenz gezogen und ihn verlassen hat.

Dann erst wieder wird er merken, was ihm verloren ging und welche Arbeit ihm die Frau unbemerkt abgenommen hat. Wäsche, Kleider, Schuhe, Haushalt und Miete, Kinder und Schule — dazu noch der Beruf, alles wird sich wie die Eigernordwand vor ihm auftürmen. Zulange vom Junggesellenleben entfernt, wird er erkennen, daß es ohne Frau nicht geht. Die Einsicht kommt spät, aber ohne Skrupel nimmt er sich das Recht auf eine zweite Frau. Ja, er betrachtet es geradezu als eine Verpflichtung sich selbst und der Gesellschaft gegenüber.

Aber auch die Frau wird mit sich alleine fertig werden müssen, denn eine Bindung wie die Ehe ist nicht so einfach in die Ecke zu stellen, wie ein schrottreifer Wagen, den man nur abmelden muß, um ihn loszuwerden.

Und so stellt sich für sie die Frage nach dem zweiten Mann mit der gleichen Problematik.

Wer ist der richtige zweite Mann?

Es muß an dieser Stelle erst einmal klargestellt werden, daß die meisten Frauen, die sich das Recht auf den zweiten Mann nehmen, diesen Mann nicht aus polyandröser oder nymphomaner Veranlagung heraus nehmen, sondern als Nachfolger des ersten Mannes.

Alles, was sie bei diesem ersten Manne nicht zu finden geglaubt haben, wünschen sie jetzt in den zweiten Mann hinein, ja, sie erwarten von ihm geradezu Wunderdinge.

Die Frau ist anspruchsvoller geworden, sie hat sich an einen bestimmten Lebensstandard gewöhnt, den sie auf keinen Fall missen will und auch nicht soll. Also wird der zweite Mann zumindest eine ebenbürtige Stellung im Leben einnehmen müssen, wie der erste Mann. Dazu muß er in der Lage und gewillt sein, ihr mehr zu geben als der erste Mann, denn sonst war die Trennung unnötig und überflüssig.

Die Frau weiß das, entsprechend hoch schraubt sie ihre Ansprüche und entsprechend wählerisch ist sie. Erstaunt wird sie schon nach kurzer Suche feststellen, daß dieser Supermann recht selten anzutreffen ist und wenn doch, ist er in den meisten Fällen verheiratet oder hat die gleiche Enttäuschung hinter sich, wie sie selbst. Doch auch er steht unter dem Leistungszwang unserer Gesellschaftsordnung und den sich daraus ergebenden Folgen.

Nachdem die Leistungsgesellschaft die gewachsene Familie schon nahezu ruiniert hat (wo gibt es schon noch „ganze“ Familien, Großvater, Mutter, Ahne und Kind — außer in den romanischen Ländern?), wird also die Forderung zu stellen sein, den Leistungsdruck zu mildern, wenn wir aus den Menschen nicht willenlose, vorprogrammierte Geschöpfe machen wollen, die auf Knopfdruck in bestimmter Weise reagieren. Die Zeichen für eine solche Veränderung stehen schlecht, die östliche, wie die westliche Welt ist dabei, immer mehr zu leisten, zu produzieren, zu organisieren und damit immer mehr zu entmenschlichen.

Wenn die Frau aus diesem Teufelskreis einen Ausbruch sucht, so ist dies mit Sicherheit in ihrer größeren Sensibilität zu suchen, mit ihrem Gespür, Unheil zu ahnen, mit ihrem ihr angeborenen Mutterinstinkt Gefahr abzuwenden. Hierin liegen die wirklichen Gründe für die Abkehr von einem Manne, der all diese Gefahren nicht ahnt, sich möglicherweise als Held sieht, der diesen Gefahren trotzend, bereit ist, die Zukunft zu meistern. Er wird sie nicht meistern, dafür wird er das Wertvollste verlieren, das er besessen hat, die Liebe seiner Frau.

Wen aber soll die Frau sich als nächsten Partner suchen, wie muß „der Richtige“ beschaffen sein, daß die Fehler, die mit der Wahl des ersten Mannes begangen wurden, sich nicht wiederholen? Ja, welche Möglichkeiten hat die Frau, sich einen zweiten Mann zu suchen? Da ist in erster Linie der Kollege am Arbeitsplatz. Er ist reizend, zuvorkommend, nicht verheiratet, im richtigen Alter. Er wäre schon was. Aber für ihn ist sie mit dem Makel der geschiedenen Frau behaftet, quasi dadurch schon etwas weniger wert, „gebraucht“ gewissermaßen. Ja, solange sie verheiratet war, hätte er gegen ein kleines mehr oder weniger harmloses Verhältnis nichts einzuwenden gehabt. Aber jetzt, nach der Scheidung, ist sie für ihn praktisch vogelfrei. Natürlich würde er mit ihr gerne einen Abend verbringen und auch die ganze Nacht. Aber eine Ehe, mit einer geschiedenen Frau, das ist doch eine Sache, die man sich reiflich überlegen muß. In neunzig von hundert Fällen wird er nein sagen.

So muß die Frau sehen, wo sie sonst eine Möglichkeit findet, einen anderen Mann kennenzulernen.

Nicht alle Freunde haben sich von ihr abgewandt, noch wird sie hin und wieder zu kleineren Gesellschaften eingeladen. Verständnisvolle Gastgeber werden dafür Sorge tragen, daß sie nicht als Mauerblümchen in der Ecke sitzen muß, werden ein oder zwei Männer einladen, die von Position und Alter her zu ihr passen könnten. Und wenn die Frau klug ist, wird sie ihren ersten Mann solange verschweigen, bis ein entsprechendes Vertrauensverhältnis zu einem möglichen neuen Partner hergestellt ist.

Da die meisten Frauen sehr jung und unerfahren in die erste Ehe gegangen sind, sollten sie sich und dem zweiten Mann eine entsprechende Probezeit geben, in der man zuerst auf Distanz und später in einem zwanglosen Zusammenleben sich gegenseitig testet, ob eine mögliche neue Verbindung auch den Stürmen des Lebens gewachsen ist. Diese Probezeit — selbst von jungen Menschen heute immer mehr praktiziert — sollte nicht zu kurz angesetzt

sein, um wirklich alle Vor- und Nachteile des zweiten Mannes kennenlernen zu können. Dann, aber auch wirklich erst dann, wenn alle Zweifel an einer gemeinsamen harmonischen Zukunft beseitigt sind, soll die Frau guten Gewissens eine neue Verbindung eingehen.
Interessant ist in diesem Zusammenhang, daß der zweite Mann in den wenigsten Fällen ein gegensätzlicher Typ zum ersten Mann ist. Im Aussehen, im Beruf und in seinen Gewohnheiten unterscheidet er sich kaum vom ersten Mann. Hoffentlich — und das ist der enttäuschten Frau zu wünschen — hat er einen standfesten Charakter und eine bessere Konstitution.
Vor Schönlingen, übertriebenen Kavalieren und Playboys soll die Frau sich hüten. Sie wollen alle das Gleiche, und wenn sie es erreicht haben, werden sie sich schneller als erwartet, unauffällig verdrücken.
Dagegen ist gegen einen platonischen Freund, mit dem ein geistiger Gedankenaustausch gepflegt werden kann, als Gesellschafter nichts einzuwenden. Nur eignet er sich in den meisten Fällen kaum als zweiter Mann. Seine ihm angeborene Höflichkeit, seine Zurückhaltung, seine schon mehr vergeistigte Erotik und sein großes Wissen bedeuten der Frau zwar auch eine gewisse Befriedigung, aber für eine Ehe reicht das nicht aus. Jede Frau will auch einmal reden, wie ihr der Schnabel gewachsen ist und nicht dauernd darauf bedacht sein, sich immer à la Pappritz zu benehmen.
Eine wirkliche Frau will auch die Kraft des Mannes, will fordern und gefordert werden! Nur dann ist sie in der Lage, all die vielen Forderungen, die an sie gestellt wer-

den, zu erfüllen. Denn sie will ja alles sein, Hausfrau und Mutter, Kameradin und Freundin, Geliebte und Hure, Mitarbeiterin und Kollegin. Dafür aber fordert sie eine Partnerschaft auf Gegenseitigkeit und mit vollem Verständnis.

Darum hat die Frau alle Umstände zu prüfen, die sie mit ihrem Anspruch und ihrem Recht auf den zweiten Mann stellt. Sie muß wissen, ob sie eine mehr geistige Partnerschaft, eine seelische Ansprache, einen körperlichen Ausgleich oder ein allumfassendes Miteinander sucht. Älter und weiser als zu Zeiten ihres ersten Mannes wird sie nicht unüberlegt „ja" sagen.

Das alte, immer noch gültige Sprichwort „Drum prüfe, wer sich ewig bindet", wird für sie erstmals Inhalt und Bedeutung haben. Die Frau wird keiner vorübergehenden Schwärmerei mehr unterliegen, sondern ernsthaft die Bindung an ihren zweiten Mann überlegen.

Denn warum ist sie ausgebrochen, warum haben der erste Mann und sie sich getrennt?

Es war die Frustration, die Enttäuschung über die Verflachung des einst so glücklich begonnenen Zusammenlebens, die Nichterfüllung ihrer Bedürfnisse, die falschen Erwartungen, die sie an den Mann gestellt hat, das Unvermögen des ersten Mannes, mit den gegebenen Streß-Situationen fertig zu werden, die Zurückweisung und die endliche Resignation.

Dies alles gilt es für die Frau vor einer Bindung an den zweiten Mann zu bedenken. Und tut sie dies, so wird sie überrascht feststellen, daß ihre Forderungen nahezu unerfüllbar sind, denn diesen einmaligen hundertprozentigen Mann gibt es nicht, er gehört ins Reich der Fabel, sie ist also — wieder einmal — gezwungen, Kompromisse zu machen. Und sie wird sie machen, machen müssen, denn ihr ist noch weniger als dem Manne gegeben, alleine zu bleiben, wenn sie die Wechseljahre nicht schon hinter sich hat.

Die inzwischen größere Lebenserfahrung und auch die größere Geduld werden ihr wertvolle Helfer bei der Gestaltung ihres neuen Lebens mit dem zweiten Mann sein.

Zwei Grundbedingungen aber sollte sie in jedem Falle an den zweiten Mann stellen, daß ihre Grundrechte auf Achtung und Liebe respektiert werden.

Und da sich mit dieser Problematik nicht nur eine Frau herumzuschlagen hat, sondern heute immer mehr Frauen in die Situation kommen, die schwerwiegenden Entschlüsse über eine Scheidung zu treffen, konnte auch der Gesetzgeber nicht umhin, sich mit dieser Frage zu befassen.

Darum ist es nicht uninteressant zu wissen, wie und aus welchen Gründen sich heute Bundestag und Bundesregierung mit einer Reform des noch bestehenden Eherechts befassen.

Die Gedanken der Bundesregierung zur Reform des Ehe- und Familienrechts

1. Reform des Rechtes der Ehewirkungen

Ausgangspunkt für die Reformkonzeption ist der Grundsatz, daß die Ehegatten alle Angelegenheiten des gemeinsamen Lebens im gegenseitigen Einverständnis und in eigener Verantwortung regeln. Die im geltenden Recht noch vorhandene Rollenfixierung, nach der die Frau grundsätzlich darauf festgelegt wird, den Haushalt zu führen und ihre Erwerbstätigkeit Ausnahmecharakter hat, entspricht den tatsächlichen Verhältnissen nicht mehr. Heute sind mehr als die Hälfte aller erwerbstätigen Frauen verheiratet. Die meisten verheirateten Frauen sind in der ersten Zeit der Ehe noch erwerbstätig, immer mehr bleiben es, immer mehr kehren nach kürzerer oder längerer Unterbrechung wieder in den Beruf zurück. Die im Hinblick auf die Gleichberechtigung von Mann und Frau ohnehin problematische gesetzliche Fixierung der sogenannten Hausfrauenehe wurde deshalb zugunsten des auch vom Bundesverfassungsgericht anerkannten Grundsatzes der auf übereinstimmender Entscheidung der Ehegatten beruhenden Aufgabenteilung in der Ehe aufgegeben. Die übermäßige Belastung eines Ehegatten mit Erwerbstätigkeit und Hausarbeit oder die Vernachlässigung der Kinder muß aber vermieden werden. Deshalb legt der Entwurf ausdrücklich fest, daß auf die beiderseitigen Belange der Ehegatten und der Familie Rücksicht zu nehmen ist. Indem der Entwurf die Funktionsteilung in der Ehe der freien Entscheidung der Ehegatten überläßt, rückt er auch ihre gemeinsame Verantwortung für die Pflege und Erziehung der Kinder, für die Aufbringung des Familienunterhalts und die Haushaltsführung in den Vordergrund. Der Beitrag zum Familienunterhalt durch Haushaltsführung ist dem durch Erwerbstätigkeit gleichgestellt. Diese Aufwertung der Hausfrauentätigkeit und der Pflege und Erziehung der Kinder findet ihren Niederschlag folgerichtig vor allem in der Regelung des Unterhalts nach der Scheidung und des Versorgungsausgleichs. Regelungen des geltenden Rechts, die nur aus der früheren Vorrangstellung des Mannes zu erklären sind, wie die Bestimmung des Mannesnamens zum Ehe- und Familiennamen und die sogenannte Schlüsselgewalt der Frau, werden durch verfassungsmäßige Lösungen ersetzt.

Bisher lag dem Ehescheidungsrecht das mit Zerrüttungselementen durchsetzte sogenannte Schuldprinzip zugrunde. Eine Ehe konnte geschieden werden, wenn ein Ehegatte schuldhaft die ehelichen Pflichten verletzt hatte und ihm diese Eheverfehlungen nachgewiesen werden konnten. Um die Scheidung überhaupt zu erreichen und wegen der mit dem Schuldspruch verknüpften Folgen für den Unterhalt, die Witwenversorgung und die Zuteilung der Kinder war es nötig, möglichst viel Nachteiliges über den anderen Ehegatten im Eheprozeß vorzutragen. Dies führte zur Vergiftung der familiären Beziehungen und zur Unwahrheit im Prozeß.

Der Entwurf stellt demgegenüber nur noch auf das

Scheitern einer Ehe als einzigen Scheidungsgrund ab. Nicht jede, sondern nur die endgültige Zerrüttung führt zur Scheidung. Deshalb verwendet der Entwurf nicht den herkömmlichen Begriff der Zerrüttung, sondern führt denjenigen des Scheiterns neu ein.

Vom Zerrüttungsprinzip, bei dem allein der objektive Zustand einer Ehe maßgebliches Kriterium für den Richter ist, wird eine Versachlichung des Ehescheidungsverfahrens und die Wiederherstellung der Wahrhaftigkeit im Prozeß erwartet.

Durch die Einführung des Zerrüttungsprinzips wird der Grundsatz, daß die Ehe auf Lebenszeit angelegt ist, nicht angetastet. Dies in den scheidungsrechtlichen Vorschriften auszusprechen, erscheint jedoch überflüssig; es reicht aus, wenn der Grundsatz — wie bisher — im Recht der Eheschließung gesetzgeberisch zum Ausdruck kommt.

Vorgeschlagen ist — von dem Begriff der auf Lebenszeit angelegten Ehe ausgehend — eine Härteklausel, nach der das Gericht trotz des Scheiterns einer Ehe deren Scheidung verweigern kann. Im Gegensatz zu dem mit Recht viel kritisierten Widerspruchsrecht des geltenden § 48 kann diese Härteklausel jedoch nur in ganz extremen Fällen angewendet werden. Wirtschaftliche Umstände sind keine Härten in diesem Sinne. Sie müssen durch ein verbessertes Unterhaltsrecht, soziale Vorsorge, Hilfen durch Arbeitsförderung usw. — wie sie der Entwurf vorsieht — gelöst werden. Sie berechtigen nicht zur Verweigerung der Scheidung, weil die Ehe nicht zu einer reinen Versorgungseinrichtung abgewertet werden darf. Härten entstehen für die betroffenen Ehegatten bei jeder

Scheidung, deshalb bleiben gewöhnliche Härten ebenfalls außer Betracht. Liegen außergewöhnliche Umstände vor, so genügt für die Anwendung der Härteklausel nicht, daß sich der nicht scheidungswillige Ehegatte darauf beruft. Das Gericht hat vielmehr die Belange beider Ehegatten gegeneinander abzuwägen. Die Härteklausel kann nur dann zum Zuge kommen, wenn bei dieser Güterabwägung auf der Seite des nicht scheidungswilligen Ehegatten eine so schwere Härte verbleibt, daß trotz des Nichtmehrbestehens der Lebensgemeinschaft der Ehegatten die Aufrechterhaltung der rein rechtlichen Bindung der Ehe geboten erscheint. Schuldgründe sollen auch für die Regelung der Scheidungsfolgen keine Bedeutung mehr haben. Nach geltendem Recht hat der Ehegatte, der die alleinige oder überwiegende Schuld an der Scheidung trägt, keinen Anspruch auf Unterhalt. Diese Folge trifft durch ihren sachfremden Strafcharakter besonders die nicht erwerbstätige Frau schwer. Der Entwurf beseitigt diese unsoziale Benachteiligung der Frau. Er regelt Unterhalt und Altersversorgung allein nach objektiven Merkmalen.

Mit der Ehescheidung entfällt die gemeinsame wirtschaftliche Grundlage der Ehegatten, deshalb enden grundsätzlich ihre gegenseitigen wirtschaftlichen Beziehungen. Die gemeinsame Verantwortung der Ehegatten füreinander kann in gewissen Fällen jedoch über die Scheidung hinaus fortwirken. Der Entwurf sieht deshalb im Einklang mit dem geltenden Recht folgende Unterhaltstatbestände vor: Ein Ehegatte hat Anspruch gegen den anderen auf Unterhalt,

- wenn er ein gemeinschaftliches Kind zu erziehen oder zu pflegen hat,
- wenn er im Zeitpunkt der Scheidung wegen Krankheit an einer Erwerbstätigkeit gehindert ist oder
- wenn er zum Zeitpunkt der Scheidung ein Alter erreicht hat, in dem von ihm eine Erwerbstätigkeit nicht mehr erwartet werden kann.

Der Ehegatte, bei dem diese Voraussetzungen nicht vorliegen, braucht nicht schlechthin jede ihm gebotene Erwerbstätigkeit anzunehmen, sondern nur eine solche, die seiner Ausbildung, seinen Fähigkeiten, seinem Lebensalter und den ehelichen Lebensverhältnissen angemessen ist. Es wird außerdem besonders berücksichtigt, daß die von den Ehegatten getroffene Arbeitsteilung in der Ehe über die Ehe hinaus fortwirken kann. Insoweit daraus ein Ehegatte in seinem beruflichen Fortkommen benachteiligt ist, ergibt sich für den anderen aus der Mitverantwortung für diese durch die Ehe geschaffene Lage die Pflicht zur Unterhaltsleistung. Unterhalt ist insoweit und solange zu gewähren, bis der bedürftige Ehegatte in das Erwerbsleben so eingegliedert ist, daß er seinen Lebensunterhalt nachhaltig, d. h. auf Dauer, selbst bestreiten kann; schlägt der Versuch der Wiedereingliederung fehl, so kann der geschiedene Ehegatte wieder Unterhalt verlangen. Abgesehen von dem Unterhaltsanspruch bei Pflege und Erziehung gemeinsamer Kinder und bei Erwerbs- oder Berufsunfähigkeit wegen Alters oder Krankheit ist Ziel der Unterhaltsgewährung also die Hilfe zur Selbsthilfe. Deshalb umfaßt der Unterhalt auch die Kosten einer Ausbildung, Fortbildung oder Umschulung.

Darin liegt eine wesentliche Verbesserung gegenüber dem bisherigen Unterhaltsrecht. Der nicht erwerbstätige Ehegatte ist nach der geltenden Unterhaltskonzeption unvorbereitet, wenn eine ihm an sich zustehende Unterhaltsleistung plötzlich ausbleibt, weil der andere Ehegatte nicht mehr leistungsfähig ist oder aus sonstigen Gründen die Zahlungen einstellt. Er ist dann zu jeder, auch untergeordneter Tätigkeit gezwungen und bleibt besonders im Alter ohne jede Versorgung.
Die dem Entwurf zugrunde liegende Konzeption geht einen anderen Weg. Nun wird von dem nicht erwerbstätigen Ehegatten zwar verlangt, daß er sich auf eine Berufstätigkeit umstellt und unter Umständen sich noch aus- oder fortbilden läßt. Er wird aber wirtschaftlich selbständig und bleibt nicht mehr auf Dauer abhängig von der Leistungsfähigkeit und Leistungswilligkeit des anderen Ehegatten. Unabhängig davon, ob der verpflichtete Ehegatte für die Wiedereingliederungskosten aufkommen kann, kann der bedürftige Ehegatte öffentliche Hilfe, zum Beispiel nach dem Bundesausbildungsförderungsgesetz, erhalten.
Die Unterhaltskonzeption des Entwurfs wird ergänzt durch den Versorgungsausgleich, der eine bedeutende Neuerung des Entwurfs darstellt. Die Aufgabenverteilung in der Hausfrauenehe, die weiterhin von großer Bedeutung bleiben wird, führt im geltenden System der sozialen Sicherheit dazu, daß in aller Regel allein der Mann eine eigenständige Alterssicherung erwirbt; die Ehefrau erhält eine von dem Ehemann abgeleistete Versorgung. Diese Regelung ist unbefriedigend. Die Anrechte

und Aussichten auf Versorgung wegen Alters oder Berufs- oder Erwerbsunfähigkeit, die ein erwerbstätiger Ehegatte während der Ehe erwirbt, beruhen auf gemeinsamen Leistungen der Ehegatten in der Ehe entsprechend der von ihnen vereinbarten Arbeitsteilung. Die Leistungen, die der nichterwerbstätige Ehegatte für die Ehe erbringt, sind nicht geringer zu veranschlagen als die Erwerbstätigkeit des anderen Teils. Es ist deshalb angemessen, daß die Anrechte auf Versorgung wegen Alters oder Berufs- oder Erwerbsunfähigkeit, die für einen Ehegatten begründet, aber von beiden Ehegatten „verdient" werden, zwischen ihnen auszugleichen sind, wenn die Ehe geschieden wird. Derselbe Gedanke des Ausgleichs des in der Ehe erworbenen Vermögens ist im geltenden Recht in der Regelung des ehelichen Güterrechts über den Zugewinnausgleich enthalten.
Die vielfach fehlende soziale Sicherung der Frau wird besonders deutlich bei der Scheidung der Ehe. Die Frau ist nach geltendem Recht auf einen Unterhaltsanspruch gegen den geschiedenen Mann angewiesen, der — wenn der Mann das Rentenalter erreicht hat — häufig wegen mangelnder Leistungsfähigkeit nicht verwirklicht werden kann. An der Versorgung des Mannes, deren Anrechte ganz oder zum Teil während der Ehe erworben worden sind, partizipiert die Frau dagegen überhaupt nicht. Durch den vom Entwurf vorgesehenen Ausgleich der Anwartschaften wird dieses unbillige Ergebnis vermieden. Es ist beabsichtigt, die Möglichkeit zu eröffnen, Rentenanwartschaften, die durch Aufteilung vermindert worden sind, durch Entrichtung von Beiträgen wieder

entsprechend aufzustocken. Damit wird ein geschiedener Ehegatte in die Lage versetzt, den durch die Aufteilung erlittenen Nachteil auszugleichen.

2. Neuordnung des Verfahrens

Das neue materielle Recht erfordert nach seinem Grundgedanken eine Überarbeitung auch der Zuständigkeiten und des Verfahrens für die Scheidung und die Scheidungsfolgenregelungen. Die Neuordnung des Scheidungsverfahrens ist damit ein wesentlicher Bestandteil der Scheidungsreform.
Bisher ist für den Scheidungsprozeß und die durch die Scheidung ausgelösten Folgeverfahren keine einheitliche Zuständigkeit eines bestimmten Gerichts begründet. Auch zeitlich sind die einzelnen Entscheidungen nicht miteinander verknüpft. Dieser Zustand ist unbefriedigend. Er führt zu einer Aufsplitterung der Verfahren, die nicht nur unrationell ist und eine sachgerechte Erledigung der an sich zusammengehörenden Angelegenheiten erschwert. Die getrennte Erledigung der einzelnen Verfahren kann die Ehegatten darüber hinaus unnötig belasten, weil sie diese auch nach der Scheidung immer wieder zu einer Auseinandersetzung mit ihrer früheren Ehe zwingt. Durch die heute ohne Rücksicht auf die Regelung der Folgen mögliche Scheidung wird den Ehegatten schließlich die Tragweite ihrer Trennung häufig nicht rechtzeitig vor Augen geführt. Es entspricht der Zielsetzung des neuen materiellen Rechts, diesen Zustand zu ändern. Danach

soll zukünftig nicht nur derselbe Richter für den Scheidungsprozeß und die wichtigsten Folgeverfahren zuständig sein, so daß eine sachgerechte Regelung der gesamten mit der Scheidung zusammenhängenden Fragen erreicht werden kann. Darüber hinaus soll der Richter auch bei ihm im Zusammenhang mit der Scheidung anhängige Verfahren zur gleichen Zeit erledigen, damit der Ausspruch der Scheidung möglichst nicht ohne Regelung der wichtigsten Scheidungsfolgen ergeht.
Die für Scheidungssachen und ihre Folgesachen vorgesehene Zusammenfassung der Zuständigkeiten legt es nahe, verwandte familienrechtliche Angelegenheiten in die Regelung einzubeziehen. Damit kann der Gedanke eines Familiengerichts in bestimmtem Rahmen bereits in dem vorliegenden Entwurf verwirklicht werden.
Im übrigen bietet die Überarbeitung des Scheidungsverfahrensrechts Gelegenheit, die Mängel zu beseitigen, die sich in der bisherigen Verfahrenspraxis ergeben haben. Dadurch kann auch das Scheidungsverfahren selbst wirksamer gestaltet werden, um einen besseren Rechtsschutz zu gewähren.

3. Weitere Reformvorhaben

Wie aus der Bezeichnung des Entwurfs hervorgeht, enthält er noch nicht alle im Zusammenhang mit der Reform des Ehe- und Familienrechts vorgesehenen Gesetzesänderungen. Es fehlt für das Eherecht die Neuregelung des Rechts der Eheschließung. Diese soll Gegenstand eines

Zweiten Gesetzes zur Reform des Ehe- und Familienrechts sein. Schließlich gehört in den Rahmen der Reform des Ehe- und Familienrechts beispielsweise auch die Reform des Adoptionsrechts und des Rechts der elterlichen Sorge. Entsprechende Entwürfe sind in Vorbereitung bzw. liegen schon vor.

4. Aufgabenstellung des Reform-Entwurfes

Bei der Erörterung des vorliegenden Entwurfs sollten die Grenzen dessen, was das Recht in unserer Gesellschaft und in einer Konfliktsituation des Menschen leisten kann, gesehen werden. Zerrüttete Ehen und Ehescheidungen wird es ebenso wie soziale Not oder Krankheit geben, solange es Menschen mit ihren Schwächen und individuellen Eigenschaften gibt. Das Recht kann menschliche Unzuträglichkeiten und Schicksalsschläge nicht verhindern. Es kann nur versuchen, die daraus entstehenden Belastungen zwischen den Betroffenen einigermaßen gerecht auszugleichen. Deshalb kann es nicht das Ziel dieses Entwurfs sein, die Ehescheidung zu erleichtern oder zu verhindern oder ihre Folgen gänzlich zu beseitigen. Aufgabe der Reform ist es vielmehr, das Recht der Ehescheidung und ihrer Folgen gerechter und sozialer zu gestalten, dadurch den betroffenen Menschen zu helfen sowie das Recht wieder glaubwürdiger zu machen.

Fortschritt = Änderung der Verhältnisse

Der Fortschritt hat also, wie die letzten Seiten bewiesen haben, auch nicht vor der Gesetzgebung halt gemacht. Noch schreitet er mit etwas gestelzter Ausdrucksweise der gesetzgebenden Versammlung entgegen. Die Frau wird das großzügig übersehen, schließlich sind die Verfasser Beamte, Männer also, die niemand auf den Schlips treten wollen. Und wer trägt schon Schlipse? Der Mann natürlich.

Es ist schwer, einmal aufgebaute Bastionen einzureißen und den Männern fällt es noch schwerer, scheinbare Vorrechte aufzugeben. Die Tatsache, daß es nach über einem Jahrhundert Bürgerlichem Gesetzbuch (wenn auch hin und wieder novelliert und den Verhältnissen angepaßt) jetzt bald zur vollen Gleichberechtigung der Frau auch in legaler Form kommt, ist ein Fortschritt.

Fortschritt aber bedeutet Veränderung, Veränderung der bestehenden Zustände. Veränderungen in industriell organisierten und daher bestimmten Disziplinen unterworfenen Gesellschaften werden nicht abrupt durchgeführt, sondern nach und nach ins Bewußtsein der Menschen geleitet. Keinesfalls also findet auch die gesetzlich verankerte Befreiung der Frau plötzlich statt, sondern bedarf einer angemessenen Übergangszeit. Die Frau aber schert sich glücklicherweise wenig um legalisierte Rechte, die praktisch nur das in die Wirklichkeit umsetzen, was sie längst lebt. Die Frau von heute — zumindest die jüngere Altersgruppe — tut seit langem, was sie für richtig hält. Die geschätzte Dunkelziffer von rund zwei Millionen Abtreibungen allein in der Bundesrepublik Deutschland jährlich beweist das ebenso, wie die junge Frau, die in der Mannwahl schon lange nicht mehr die Scheu an den Tag legt wie ihre älteren Geschlechtsgenossinnen. Die Tage, in denen die Familie bestimmt hat, wen und wann man zu heiraten hatte, sind längst vorbei. Die Frau ist in dieser Hinsicht frei, sie sucht sich ihren Partner selbst und zwar den, der ihr gefällt, von dem sie glaubt, daß er der Richtige ist.

Und bevor sie mit einem Mann vor den Standesbeamten tritt, hat die Frau in neunzig von hundert Fällen bereits mit mehr als einem Mann Geschlechtsverkehr gehabt, sie hat auch in dieser Hinsicht geprüft und für gut oder für schlecht befunden.

Die neue Ehegesetzgebung vollzieht also nur nach, was für die Frau längst Gewohnheitsrecht und Praxis ist. Wie so oft hat das Verhalten der Frau Änderungen der Rechtsprechung erzwungen.

Wie aber ändern sich die Verhältnisse? Die Einstellung der jungen und wie viele sagen „modernen" Frau zum Leben hat sich allein im Laufe einer Generation ganz wesentlich verändert. Nicht alles, was dabei herausgekommen ist, kann kritiklos als Fortschritt bezeichnet werden.

Es ist modern, heute als Frau weniger Gefühl zu haben, oder zumindest doch zu zeigen. Der Drang nach früher Selbständigkeit und Unabhängigkeit ist stärker als je zuvor. Sobald das Mündigkeitsalter erreicht ist, wird die Frau — schneller als der Mann — flügge, sie kehrt dem Elternhaus den Rücken, sucht sich eine eigene Wohnung und geht ihre eigenen Wege. Die Frau ist neugieriger als der Mann. Die neue, selbst erworbene Freiheit und Unabhängigkeit versetzt sie in die Lage, mehr und andere Menschen kennenzulernen als zuvor, sie will mehr verstehen und mehr wissen, sie will sich selbst eine Vorstellung vom Leben machen, um an diesen Erkenntnissen ihr eigenes Leben auszurichten. Dies ist nicht ohne Gefahr. Die Tatsache, daß insbesondere heute viele junge Menschen an neurotischen Störungen leiden, beweist das. Psychiater und Psychologen können davon ein Lied singen, auf den Couchen ihrer Praxen liegen heute weitaus mehr junge als ältere Menschen. Die Mehrzahl ihrer Patienten ist männlich, was nicht zuletzt einmal mehr beweist, daß der Mann den Anforderungen der Leistungsgesellschaft leichter unterliegt, als die Frau.

Dies betrifft insbesondere die Gruppe der heute zwanzig- bis dreißigjährigen, junge Menschen also, die weder Krieg noch die Notzeiten der Nachkriegszeit miterlebt haben, sondern schon mitten in die Konsumgesellschaft hineingeboren wurden.

Die Reizüberflutung durch die Massenmedien und insbesondere die Werbung prallte in der Jugend hemmungslos über diese Altersklassen herab und erzeugte Wunschdenken, denen der Mann in stärkerem Maße unterlag, als die Frau.

Sie, die Frau, hatte im täglichen Leben die Möglichkeit, den Wahrheitsgehalt der Produktwerbung zu überprüfen,

während der Mann Opfer von Werbeaussagen wurde, ohne entsprechende Vergleichsmöglichkeiten zu haben.
Diese Tatsache aber birgt weitere Gefahren in sich. Junge Menschen haben das Bedürfnis, sich in Cliquen zu sammeln und in der Clique ihre eigenen Vorstellungen vom Leben zu entwickeln. Dabei sind sie heute schon wieder eifersüchtig darauf bedacht, „ihrer Clique" eine gewisse Exklusivität zu erhalten — sie bilden Klassen. Schüler und Studenten halten mit Schülern und Studenten zusammen, Arbeiter mit Arbeitern, Bauern mit Bauern, Angestellte mit anderen Angestellten. Die Cliquen mischen sich kaum, eine schaut auf die andere herab oder hinauf, je nach dem eigenen Standpunkt. Das größte Ziel ist es, in eine höhere Clique aufgenommen zu werden.
Wen wundert es da noch, daß es „Rocker" und „Hell's Angel" gibt, die sich auf ihre Art ihr Recht suchen. Und auch bei diesen „starken" Männern, die mit Fahrradketten und Totschlägern — mit brutaler Gewalt also — ihr Recht suchen, stehen die Mädchen im Hintergrund, sind die treibende Kraft, denen es zu beweisen gilt, was man für ein toller Bursche ist. Führungsanspruch der Frau also auch hier? Ja, die Frau ist die weitaus bessere Diplomatin, die sich selbst aus dem Nahkampf heraushält und aus sicherer Warte den Gang der Dinge verfolgt.
Aber auch die Frau unterliegt dem Leistungsprinzip, je jünger, um so mehr. Der Ehrgeiz hat auch sie gepackt, sie beweist jetzt dem Mann, daß sie in der Lage ist, hohe Positionen zu erklimmen, berufliche Karriere zu machen und „weiter" zu kommen, als der Mann.
Dies gibt dem Selbstbewußtsein des Mannes — je nach

Veranlagung — den ersten Knacks, erzeugt Minderwertigkeitsgefühle und endet beim Psychiater.

Auch die moralischen Vorstellungen der Frau haben in den letzten zwei Jahrzehnten eine entscheidende Änderung durchgemacht. Früher als je zuvor wird sie biologisch aufgeklärt, schon in den ersten Grundschulklassen erfolgt eine planmäßige Unterrichtung. Die aus Amerika übernommenen Begriffe von Petting und Necking erlebt sie zwischen zwölf und sechzehn Jahren, also gleich nach dem Einsetzen der Menarche. Und in vielen Fällen erlebt sie in diesen Jahren auch den ersten Geschlechtsverkehr, wobei sie nicht mehr wie die Generationen vor ihr das Gefühl hat, etwas „Kostbares" zu verschenken, sondern eine Handlung zu vollziehen, die ihrer Reife entspricht. Noch verlangt die Frau vom jungen Mann, daß er ihr seine Zuneigung zeigt, aber sie geniert sich auch nicht, mit dem ausgewählten Partner diese Frage ganz offen zu diskutieren. Ebenso weiß die junge Frau, die oft noch ein Mädchen ist, über Pille und andere Verhütungsmittel Bescheid. Und wenn nicht, wird sie spätestens noch als Teenager von den Eltern darüber aufgeklärt. Das Verständnis der Eltern für diese Entwicklung wird hier zu einem wichtigen Faktor, versagen sie, holt sich die junge Frau die Information von Gleichaltrigen, betrachtet das eigene Elternhaus als rückständig und die Kluft in der Familie reißt auf und wird sich immer mehr vertiefen, je mehr sich Eltern oder Erziehungsberechtigte auf rechtliche Positionen mangels besserer Argumente zurückziehen.

Die Frau von heute ist auch egoistischer und realistischer,

die kindlich naive Schmusekatze, die nur darauf wartet versorgt zu werden und darauf dressiert wurde, gehört der Vergangenheit an. Die junge Frau von heute stellt sich erst einmal auf eigene Beine, bevor sie eine Bindung eingeht. Und an ihren eigenen Leistungen beurteilt sie den oder die Partner, für die sie bereit ist, Teile ihrer Selbständigkeit zu opfern.

Dies hat zwangsläufig zu einer Verflachung des Gefühlslebens geführt und wirft die Frage auf, wie weit die Industriegesellschaft — und nur von den Menschen dieser Gesellschaft ist hier die Rede — die Leistungsschraube noch drehen kann.

Dabei gibt es keine Grenzen, die neue Klassenbildung in der kapitalistischen Welt unterscheidet sich nur wenig von der nach Dienstgraden und Funktionen reglementierten sozialistischen Welt. Die Grenzen der Ordnung in der freiheitlichen, demokratischen Welt sind lediglich fließender, als die in den diktatorisch regierten Ländern. Dies bringt für Grenzgänger zwischen beiden Gesellschaftssystemen Anpassungsschwierigkeiten mit sich und führt oft zur freiwilligen Rückkehr in die Gewohnheit, also in das System, in dem man groß geworden ist.

Interessant ist in diesem Zusammenhang die Feststellung, daß einfachere Menschen mit diesem Problem leichter fertig werden, als Angehörige der sogenannten intelligenten Schichten.

Aus all diesen Überlegungen aber leitet die Frau auch das Recht auf zwei Männer ab. Versagt der eine, hat sie kaum mehr moralische Bedenken, ihn gegen einen anderen auszuwechseln. Dazu zwei typische Beispiele.

Der Fall Christine M.:

Die Familie kam aus dem Baltikum, die Kriegsereignisse machten sie zu Vertriebenen. Im Bayrischen Wald fanden sie eine neue Heimat, gewöhnten sich recht und schlecht an die veränderte, fremde Umgebung. Der Vater war Lehrer. Er hatte einige Schwierigkeiten, wieder in seinem Beruf Fuß zu fassen, dann aber fand er eine neue Stellung. Damit waren die Voraussetzungen erfüllt, die an eine bürgerliche Existenz gestellt werden konnten. Man bezog eine hübsche Wohnung im Parterre eines Bauernhauses, 1950 kam Christine zur Welt, die wieder in Ordnung war. Eine unbeschwerte, fröhliche Kindheit war das Merkmal der ersten sechs Jahre ihres Lebens, dann starb der Vater plötzlich und die Mutter bezog eine bescheidene Pension. Nichts hielt sie mehr im Bayrischen Wald, sie zog um nach Nürnberg. Dort lernte sie bald einen anderen Mann kennen und lieben, und da er auch zu Christine ein gutes Verhältnis hatte, heiratete sie wieder.

Christine ging in Nürnberg zur Schule und wurde von ihren Klassenkameradinnen beneidet, weil sie „alles" schon wußte, die Mutter hatte ihr an einfachen, verständlichen Beispielen die Menschwerdung erklärt. Dies kam Christines Lehrerin zu Ohren, fast gleichzeitig mit einem Erlaß des Kultusministeriums, daß nunmehr auch schon in den ersten Schulklassen Biologie-Unterricht in „angemessener und vernünftiger" Form zu erteilen sei.

Christine war also aufgeklärt, in vernünftiger Form hatte sie Kenntnis von Dingen erhalten, die für ein Kind von

Wichtigkeit sind und seine Phantasie nicht unnötig beanspruchten.
Da sie ein begabtes und intelligentes Kind war, besuchte sie die Oberschule, mit zwölf bekam sie ihre Periode. Das war für sie ein wichtiges Ereignis, das sie bewußt erlebte, denn auch darauf hatte sie die gescheite Mutter entsprechend vorbereitet.
Von da an sah sie die Jungens mit anderen Augen an, fühlte sich ihnen gegenüber überlegen und ließ es manchmal spüren. Das führte zu kleinen Spannungen und endlich zu Rolf, ihrem ersten Freund. Da war sie vierzehn. Rolf war der erste „Mann", der sie küßte und er war „schon" siebzehn Jahre alt, auf seiner Oberlippe prangte die Andeutung eines Bartes, den er sorgfältig pflegte und überhaupt war er rundherum „in Ordnung".
Sie machten große, lange Spaziergänge, gingen zusammen tanzen, tranken die in diesem Alter obligatorische Cola gemeinsam und ein besonderes Fest war es, wenn Rolf sie zu Tullio Palliani einlud, dem besten Eissalon in der City.
Sie fand Gefallen daran, mit Rolf zu schmusen, ihn zu küssen und sich küssen zu lassen, sie liebte dieses leichte Prickeln und die Gänsehaut, die sie selbst bei hochsommerlichen Temperaturen bekam, wenn Rolf sie streichelte. Zu intimen Beziehungen kam es nicht, aber durch Rolf kam sie in eine Clique von Oberschülern und Studenten, lernte andere „Männer" und Mädchen kennen. Und da ihre Leistungen in der Schule nicht nachließen, erlaubte ihr die Mutter jetzt auch schon einmal, bis Mitternacht auszubleiben. Dies aber setzte immer voraus, daß die

Parties in anderen Familien stattfanden, die man kannte, so daß das „Kind“ wohlbehütet war.
Und da Christines Mutter den Problemen ihrer Tochter gegenüber aufgeschlossen war, durfte sie hin und wieder auch einmal eine Party in der eigenen Wohnung veranstalten. Das Leben war herrlich.
Zwei Jahre gingen ins Land, in denen nichts „passierte“, Christine war jetzt sechzehn und hatte das Interesse an Rolf weitgehend verloren, da er sich konsequent weigerte, mit ihr „wirklich“ zu schlafen. So wandte sie ihre Sympathien Werner zu. Der war neunzehn und fuhr einen klapprigen VW, außerdem war er Student und der aufregendste Mann, dem sie je begegnet war. Es störte sie wenig, daß sie Werner der besten Freundin „ausspannte“, das war in der Clique normal und keiner war deswegen böse.
Mit Werner konnte sie alles besprechen, ohne jede Scheu und Zurückhaltung. Und eines Tages fanden sie es beide an der Zeit, jetzt auch körperlich zusammen zu sein. Christine wußte, daß es weh tun würde und bat um Nachsicht, wenn sie etwas schreien würde. Werner hatte dafür Verständnis, sie fuhren Baden an einen kleinen, menschenleeren See und dort nahm er sie. Vorsorglich hatte er eine Decke mitgenommen, wofür ihm Christine dankbar war.
Sie kam um vier Uhr morgens zu Hause an, wo die Mutter besorgt auf sie wartete, solange war sie noch nie ausgeblieben. Christine hatte keine Hemmungen, der Mutter die Wahrheit zu sagen und fand es rührend, als diese mitten in der Nacht noch Tee kochte, um mit der jetzt

„erwachsenen“ Tochter zu sprechen, zu sprechen über all die Dinge, die jetzt auf Christine zukommen würden, auch über die Pille und andere mögliche Verhütungsmittel. Als sie am Morgen beide ins Bett gingen, war das Mutter-Tochter-Verhältnis in eine gute Freundschaft erweitert worden.

In den nächsten Monaten war Christine mehrfach mit Werner zusammen und es machte ihr Spaß. Dies ließ in ihr auch die Entscheidung reifen, die Schule zu verlassen und einen Beruf zu erlernen.

Sie hatte Glück und wurde als Volontärin beim Sender Nürnberg des Bayerischen Rundfunks angestellt. Dort kam sie in die Musikabteilung, wo Josef Niessen die Programme zusammenstellte, sie lernte Musiker und Interpreten kennen, fand Kontakt zu Musikverlegern und Produzenten. Eines Tages bekam sie ein Angebot von einer Schallplattenfirma als Sekretärin tätig zu werden. Und da ihr dies interessanter erschien als die etwas gleichförmige Tätigkeit in der öffentlich-rechtlichen Anstalt, nahm sie an.

Sie entwickelte sich gut, hatte schnell Kontakt zu den häufig wechselnden Interpreten der auf Schlager ausgerichteten Produktion, so hatte sie auch keine Bedenken, als man ihr vorschlug, als Artist-Promoter tätig zu werden. Im Gegenteil, die Sache machte ihr Spaß, sie konnte jetzt viel reisen, lernte viele Menschen kennen und darunter waren auch viele Männer. Wann immer es ihr Spaß machte, suchte sie sich Lustgewinn, ohne Werner allerdings — ihren „ersten“ Mann — aus den Augen zu verlieren, der fleißig seinem Examen entgegenschuftete.

So war sie auch bald in der Lage, sich eine eigene Wohnung zu nehmen und fand auch hier das volle Verständnis von Mutter und Stiefvater. Sie war jetzt ganze zwanzig Jahre alt und man rechnete mit ihr. Werner war stolz auf sie, auf ihre Leistung und auf ihren Verdienst, gerne zeigte er sich mit ihr und so manchem Interpreten zusammen in den Diskotheken und in der Öffentlichkeit.

Dann war es soweit, Werner bestand sein Examen mit Auszeichnung, suchte und fand eine gute Position. Daraus leitete er die Forderung ab, daß Christine und er nun heiraten, sie ihren Job aufgeben und sie eine Familie gründen sollten.

Es versetzte ihm einen Schock, als Christine dies rundweg abschlug und er war froh darüber, daß er von seinen Plänen seinen Eltern, bei denen er lebte, keine Mitteilung gemacht hatte. Dies änderte nichts an der Tatsache, daß er weiter mit Christine „ging", aber — da sie viel unterwegs war — sahen sie sich nicht allzu oft.

Christine ihrerseits war nicht bereit, ihr unabhängiges Leben aufzugeben, im Gegenteil, sie sah bei ihrer Firma eine gute Chance, weiter Karriere zu machen. Diese blieb dann auch nicht aus. Nach knapp drei Jahren in der Branche kannte sie jeden und alles, hatte auch ein Gespür dafür, was ankam und was nicht. Man machte ihr den Vorschlag, Produzentin zu werden, da war sie ganze dreiundzwanzig und es war eine große Ehre für sie. Klar, daß damit auch eine wesentliche Besserung ihrer Bezüge verbunden war. Einen Haken hatte die Sache, sie mußte nach Hamburg umziehen.

Sie war es gewöhnt, mit Werner all ihre Probleme zu

besprechen und eigentlich hatte sie erwartet, daß Werner mit ihr kommen würde. Auch in seinem Beruf wäre es kein Problem gewesen, in Hamburg schnell eine Anstellung zu finden.

Werner aber konnte sich nicht entschließen, zu eng war seine Bindung ans Elternhaus, außerdem war ihm der schnelle berufliche Aufstieg Christines unheimlich. Sie sprachen darüber und auch darüber, daß sie sich doch liebten. Christine war jetzt sogar einverstanden ihn zu heiraten, wenn sie vorerst weiter arbeiten konnte und er für die nächsten Jahre auf Kinder verzichten würde.

Werner war hin- und hergerissen, prüfte die liebe Gewohnheit des Elternhauses, in dem er sich um nichts kümmern mußte, mit der Aussicht in einer fremden Stadt mit einer Karrierefrau verheiratet zu sein und manche Unannehmlichkeit auf sich nehmen zu müssen, konnte sich nicht entscheiden und so blieb er in Nürnberg zurück.

Christine war enttäuscht und ließ ihn das spüren. Dies und vielleicht die zu enge Bindung ans Elternhaus ließen Werner verzweifeln. Er machte sich selbst Vorwürfe, nannte sich selbst einen Versager und steigerte sich in Vorstellungen hinein, die bis zur Selbstmordabsicht gingen, denn er hing an Christine und sie fehlte ihm jetzt. Wehmütig und wehleidig dachte er manchmal daran zurück, daß er der erste Mann in ihrem Leben war und verstand die Welt nicht mehr, die dieses und alle anderen Rechte, die er daraus ableitete, nicht anerkennen wollte. Schließlich wurde er gemütskrank und kam zum Arzt, der ihn umgehend an einen Psychiater überwies.

Christine hörte davon und da auch sie Werner gern

mochte, nahm sie ein paar Tage Urlaub, sprach mit ihrer Mutter, mit Werners Eltern und endlich auch mit Werners Arzt. Seine Eltern drangen in sie, wieder nach Nürnberg zurückzukommen und ein kleiner Vorwurf war aus ihren Worten herauszuhören, daß schließlich durch sie Werner in diese „scheußliche Situation" gekommen sei. Der Arzt drang in sie, Werner zu beeinflussen, daß er sich endlich selbständig machen und das Elternhaus verlassen solle, die Mutter meinte, sie solle Werner vergessen, er sei ein Einzelkind und ein Muttersöhnchen, mit dem sie niemals glücklich werden könne. So hatte sie drei verschiedene Meinungen, mit denen sie nichts anfangen konnte.

Aber es war ihr klar geworden, daß Werner sein Elternhaus und die dort vorhandene „Nestwärme" nur verlassen konnte, wenn sie selbst ihm die gleiche Nestwärme bieten konnte und sich in seine Abhängigkeit begab. Dazu aber war sie nicht bereit, „jetzt noch nicht", wie sie sich selbst einreden wollte. So blieben die Dinge und Verhältnisse ungeklärt, Werner in seiner Verzweiflung und sie in Hamburg.

Manchmal fragte sie sich, ob Werner wirklich ein Recht auf sie habe und sie zu ihm zurückkehren müsse. Dann aber stellte sie nüchtern fest, daß sie ganze vierundzwanzig Jahre alt sei und sich noch viel zu jung für eine Bindung auf Lebenszeit hielt.

So entdeckte sie weiter Talente, das Leben und die Männer, versteckte ein bißchen ihre geheimen Wünsche und Sehnsüchte hinter einer oft allzu forschen Schale. Aber sie weiß, daß sie eine noch größere Karriere machen und erst noch viel mehr Menschen kennenlernen will, bevor sie sich bindet. Skrupel hat sie Werners wegen keine, nach Nürnberg kommt sie jetzt nur noch selten, mit der Mutter telefoniert sie oft. Darüber, was die Zukunft ihr bringen wird, denkt sie sehr intensiv nach, Werner spielt in diesen Gedanken kaum mehr eine Rolle.

Der Fall Ilse F.:

Sie kam aus kleinen Verhältnissen, der Vater war Arbeiter bei den Stadtwerken, die Mutter Schneiderin. Sie ging zu anderen Leuten ins Haus, verdingte sich als Weißnäherin und besserte so das Haushaltsgeld auf. Während des Krieges war der Vater vom ersten bis zum letzten Tage Soldat, hatte nun viel von der Welt gesehen, war in Frankreich, Italien, Afrika und Rußland gewesen und hatte das alles ohne bedeutende Blessuren überstanden.

Gleich zu Beginn des Krieges, 1940, war Ilse geboren worden. Die Unterstützung, die die Mutter bekam, reichte kaum aus, sie beide zu ernähren, aber NSV (Nationalsozialistische Volkswohlfahrt) und Gemeinde sprangen ein, getreu dem propagierten Grundsatz: Niemand soll hungern und niemand soll frieren.

1945 kam der Vater zurück, die Engländer, die ihn gefangen genommen hatten, ließen ihn laufen. Es gab zuviel Gefangene und den Briten war es lästig, sie alle zu organisieren, unterzubringen und zu verpflegen. Zu Fuß erreichte er Wuppertal, wo sie zu Hause waren und fand

die alte Wohnung vor und sie, das fünfjährige Mädchen Ilse. Die Zeiten waren schlecht, es gab nichts zu essen, das Geld war nichts wert, die Städte zertrümmert. 1946 kam Ilse in die Schule, die in einer eilig aufgeschlagenen Baracke Unterkunft gefunden hatte. Manchmal hungerte sie, obwohl sich die Mutter das Brot vom Munde absparte, um wenigstens das Kind durchzubringen.
Der Vater suchte Arbeit, die nur spärlich vergeben wurde, so mußte er als Hilfsarbeiter Trümmer räumen, Steine aufeinander schichten, die Spuren des Krieges beseitigen. Alle waren sie abgemagert, hungrig und dankbar für jeden Sonnenstrahl.
Endlich wurde der Vater wieder von der Stadtverwaltung übernommen, die Schwebebahn und einige andere Verkehrsmittel hatten den Betrieb wieder aufgenommen, aber was er verdiente, reichte nicht zum Leben und nicht zum Sterben, obwohl dem Vater eine Schwerarbeiter-Lebensmittelkarte zugesprochen worden war. So kannte Ilse in ihrer Jugend nur Armut und Hunger. Noch verstand sie nicht, was vor sich ging, aber sie wußte, daß das Leben, das sie führte, kein schönes Leben war.
Mit der Währungsreform am 20. Juni 1948 wurde es etwas besser, das Geld hatte jetzt wieder seinen Wert, es gab mehr und bessere Lebensmittel, dafür war das Geld jetzt knapp, Ilse wurde acht Jahre alt. Die ersten Autos tauchten auf, auch Ilse's Schule wurde jetzt in einen Steinbau verlegt, verwundert stellte sie fest, daß es wohl zwei Klassen von Menschen geben mußte — Arme und Reiche. In ihrer Klasse spürte sie dies deutlich, man sah es schon am Pausenbrot. Dank der Schneiderkunst der

Mutter war Ilse immer adrett angezogen, so schlug sie sich auf die Seite der „Reichen", freundete sich mit ihnen an, kam als Vertraute in ihre Häuser und sah, daß es auch ein anderes Leben gab, als das ihr bekannte.

Der Vater kam in seiner Stellung nicht recht voran, fing an zu trinken, schlug die Mutter, suchte sich eine Freundin und eines Tages war Ilse mit der Mutter allein in der kleinen Wohnung, der Vater hatte sie verlassen. Da war Ilse zehn Jahre alt und traurig.

In der Zukunft sah sie den Vater so gut wie nicht mehr, wohl schickte er manchmal Geld und einmal auch eine Puppe, die Mutter weinte und sagte, nun sei sie geschieden.

Was das bedeutete, erfuhr Ilse in seiner ganzen Tragweite erst in der Schule, die Mädchen tuschelten über sie, die Freundinnen wandten sich ab, sie wurde nicht mehr eingeladen und kam sich manchmal wie ausgestoßen vor. Zwar griff die Lehrerin ein und nahm für Ilse Partei, aber Kinder sind grausam und unbarmherzig, Ilse blieb eine Außenseiterin. Sie fing an, den Vater zu hassen, der ihr all das eingebrockt hatte.

Sie war glücklich, als sie 1954 die Schule verlassen konnte und in einem von der Mutter ausgesuchten Betrieb eine kaufmännische Lehre beginnen konnte. Die Mutter, durch die Schicksalsschläge weise geworden, achtete auf ihre Ausbildung und konnte sie überzeugen, daß es wichtig war, als Frau selbständig zu sein. Das ganze Denken von Mutter und Ilse war darauf ausgerichtet, die persönliche Lage so bald wie möglich zu verbessern. Fast alle Gespräche drehten sich um den Wert des Geldes, von

anderen Dingen wurde kaum gesprochen, nie von Liebe und Männern, von Heirat und Sexualität.
Mit siebzehn, kurz vor ihrer kaufmännischen Gehilfenprüfung, lernte Ilse einen jungen Mann kennen, der sie schön fand und ihr das auch sagte. Ilse nahm es zur Kenntnis, wohl mit etwas Freude, aber ohne sonderliche Aufregung. Als sie der Mutter davon berichtete, bestand diese auf einem sofortigen Abbruch der Beziehung, Ilse gehorchte. Dann machte sie ihre Prüfung, bestand sie glänzend und bekam ein gutes Angebot in einer großen Firma. Sechs Tage in der Woche arbeitete sie eifrig, vom Lohn konnten sich Ilse und die Mutter jetzt auch manches kleine Vergnügen leisten, Ilse betrat zum ersten Mal ein Theater und sah einige Filme.
Dies war ein entscheidendes Erlebnis, denn alles, was sie dort sah, handelte nicht von Geld, sondern von Männern und Frauen, die in irgendwelche dramatischen Handlungen verstrickt waren. Ilse schloß daraus, daß Männer doch eine bedeutende Rolle im Leben einer Frau spielen mußten. Da sie mit der Mutter darüber nicht sprechen konnte, informierte sie sich bei Kolleginnen in der Firma. Die waren ungefähr gleichaltrig, aber weitaus erfahrener.
Ilse wurde neugierig und als sich ihr der nächste Mann näherte, wies sie ihn nicht zurück, sie wollte es jetzt wissen und ging mit ihm ins Bett. Das Unglück blieb nicht aus, Ilse wurde schwanger und sagte es ihrem Freund. Dieser versprach, sich um „die Sache" zu kümmern. Der Mutter verschwieg sie den Zustand.
Tatsächlich mußte sie eines Tages abends nach der Sprech-

stunde eine Arztpraxis aufsuchen, alles tat scheußlich weh, wenige Tage später waren die Schmerzen so groß, daß sie ins Krankenhaus eingewiesen wurde. Die Ärzte stellten einen Abortus fest, kratzten Ilse aus und entließen sie nach wenigen Tagen nach Hause. Die Kosten hatte der Freund übernommen, den sie nie wieder sah, die Mutter tobte und beschimpfte sie. Es dauerte fast einen Monat, bis wieder etwas Ruhe in den Zweifrauen-Haushalt eingekehrt war.

Dann wurde Ilse achtzehn und einer der Abteilungsleiter ihrer Firma begann um sie zu werben. Sie verbrachte ein Wochenende mit ihm im Sauerland, fand ihn „irrsinnig" nett und verliebte sich in ihn. Sie trafen sich täglich nach Büroschluß, gingen in kleine Cafés und Weinstuben, gingen zum Tanzen und im Sommer auch mal zum Baden. Dann erfuhr Ilse, daß Hans — so hieß er — verheiratet war und die Welt schien für sie zusammenzubrechen. Aber dem fast zwanzig Jahre älteren Freund gelang es, sie wieder zu beruhigen. Er redete von Scheidung, aber er redete nur davon, in Wirklichkeit geschah nichts.

Mit einer Ausnahme. Hans mietete Ilse ein kleines Apartment, in dem sie sich nun trafen und überhäufte sie nicht gerade mit Geschenken, aber er war auch nicht kleinlich. Ilse stellte es mit Verwunderung fest und erkannte, daß allein ihre Jugend der Preis für diese Großzügigkeit war. Sie brachte es mit sich, daß Ilse jetzt einiges Geld sparen konnte, das sie gewinnbringend anlegte, nicht umsonst hatte sie eine erfolgreiche kaufmännische Lehre hinter sich. Als die ersten tausend Mark ihr Bankkonto zierten, brachte sie Hans soweit, ein kleines Fest zu veranstalten.

Inzwischen hatte sie einige Freunde gefunden, sie waren die Gäste. Die Woche über gehörte Hans ihr, am Sonntag gehörte „Pappi" — einer Gewerkschaftsforderung folgend — seinen Kindern und seiner Frau. So war Ilse am Anfang sonntags bei der Mutter, die immer mehr mit dem Schicksal haderte, so daß ihre Beziehung langsam abkühlte und Ilse anfing, sich ihre Sonntage selbst zu gestalten. Und da dies alleine recht langweilig war, suchte und fand sie einen zweiten Mann, einen Bankangestellten, mit dem sie in der Woche beruflich zu tun hatte, Karl-Heinz. So hatte sie einen Wochenmann — Hans — und einen Sonntagsmann — Karl-Heinz, beide taten zu ihrer Zeit alles, um Ilse glücklich zu machen. Schließlich war sie ein „bildhübsches" Ding, jung und ohne große moralische Hemmungen.
Die Idylle wurde durch einen dritten Mann gestört, einem Kunden von Ilse's Firma. Er fuhr einen großen Mercedes, brachte große Aufträge, genoß großes Ansehen, trat groß auf — kurzum ein großer Mann mit leicht angegrauten Schläfen aus der fernen Großstadt Frankfurt. Und ausgerechnet dieser große Mann warf ein Auge auf das kleine Mädchen Ilse, lud sie zum Essen ein. Ilse sagte — erst einmal im Geschäftsinteresse — ja. Man aß nicht in Wuppertal, sondern fuhr eigens nach Düsseldorf. Zum ersten Mal in ihrem Leben mußte Ilse Austern essen, die sie tapfer herunterschlang, um festzustellen, daß sie gar nicht so übel schmeckten. Dazu trank man Chablis, einen teuren Wein, dann gab es Rehrücken gespickt, Eistorte, Kaffee und Patisserie, einen kleinen Cognac und all die anderen Dinge, die das Herz eines

Gourmets höher schlagen lassen. Ilse war kein Gourmet — noch nicht — aber trotzdem von der reizenden Art Volkers angetan. Und als er sie vorsichtig und behutsam nach ihren Lebensumständen ausgefragt hatte, machte er ihr den Vorschlag, seine Geliebte zu werden.

Ilse erschien die ganze Geschichte wunderbar, so wie im letzten Doris-Day-/Rock-Hudson-Film und da Volker auch ohne Hemmung erzählte, daß er verheiratet sei, Kinder und Haus habe, um die er sich „gelegentlich" kümmern müsse, mit anderen Worten, daß Ilse sehr viel freie Zeit bliebe, sah sie keinen Grund, sein Angebot auszuschlagen. Fast nüchtern regelten sie die materielle Seite, Ilse würde nach Frankfurt ziehen, dort würde man eine kostbare Zweizimmerwohnung einrichten, ein bestimmter, nicht kleiner Betrag würde ihr pünktlich angewiesen und all das würde ihr gehören, auf ihren Namen eingetragen, ohne jede Verpflichtung, ohne irgendwelche Schulden anzuerkennen, der Traum vom großen Geld.

Wie besprochen, geschah es. Tatsächlich lief alles reibungslos, wenigstens für Ilse, Volker war ein aufmerksamer, reizender Liebhaber. Schon nach wenigen Monaten war Ilse ein anderer Mensch, freier, unabhängiger und etwas „verdorbener", sie machte den Führerschein, wurde einundzwanzig und wunderte sich manchmal, wenn sie an ihre harte Jugend zurückdachte. Wie schnell hatten sich die Zeiten doch zu ihren Gunsten geändert.

Langsam aber begann auch das Verhältnis mit Volker zur Routine zu werden und Ilse, trotz ihrer Jugend, dachte auch an ihr berufliches Weiterkommen. Durch Volker kam sie jetzt mit vielen Menschen zusammen, denen sie

stolz präsentiert wurde. Volker legte sich die junge, hübsche Frau gewissermaßen wie einen Nerz um die Schultern, er sonnte sich in ihrer Schönheit und in der Begierde, die andere Männer nach ihr hatten. Ilse war klug genug, auf manches andere hochtrabende Angebot nicht einzugehen, dafür las sie viel, ging ins Theater und in die Oper, war ein ständiger Kunde für alle Filmtheater, die gute, große Filme brachten und entwickelte schon sehr bald ein Gespür für Qualität. Und da auch Volker ein kultivierter Mensch war, sah er Ilse's Fortschritte mit Vergnügen, sah sie ohne jede Hemmung und ihr Besitz erfüllte ihn mit Stolz. So hatte er auch nichts dagegen, als sie den Wunsch äußerte, einen Kursus für Kunstgeschichte an der Volkshochschule zu belegen.
Ilse nannte sich jetzt „Studentin“, war eifrig bei der Sache und sparsam mit dem ihr reichlich zufließenden Geld. Von der Mutter wußte sie, wie man sich auch mit etwas weniger etwas schicker anziehen konnte, auf der Bank lagen zehntausend Mark. Als sie zweiundzwanzig wurde und schon zwei Jahre lang mit Volker zusammenlebte, schenkte er ihr eine Eigentumswohnung, die sie mit Geschmack einrichtete, ein zweites Heim, in dem Volker sich wohlfühlte und „seine“ Geliebte genoß.
Durch die Volkshochschule kam Ilse mit einem anderen Personenkreis zusammen, der ihren Vorstellungen vom Menschen weitaus näher stand, als die Café-Haus-Society Frankfurts. Das waren Menschen, die für jede Mark hart arbeiten mußten, Menschen, die im Berufsleben standen, erfolgreich waren auch sie, aber in einer anderen Form.

Diese Tatsache zwang sie, jetzt schon manchmal über sich selbst nachzudenken. Sie machte sich Gedanken über ihre Zukunft, und war sich darüber im klaren, daß eines Tages die Geschichte mit Volker zu Ende sein würde.
So streckte sie vorsichtig ihre Fühler nach einem Job aus, den sie mit Volker in Übereinklang bringen konnte. Und da sie eine grundsolide Ausbildung hatte, gewisse Neigungen auf dem Kultursektor entdeckt hatte und sich für Literatur und Film interessierte, bot man ihr offiziell den Posten einer Sekretärin bei den Städtischen Bühnen an. Sie besprach die Sache mit Volker, der fand den Einfall nicht sehr gut, aber nach einer Weile stimmte er zu, Ilse wurde Bestandteil des kulturellen Lebens von Frankfurt.
Die Städtischen Bühnen kämpften nicht nur mit dem Ensemble, sondern noch viel mehr um Geld, das der Stadtrat bewilligen mußte, Ilse konnte hier viel Erfahrungen aus der Praxis eines nach wirtschaftlichen Grundsätzen geführten Betriebes in Wuppertal beisteuern, so daß ihr Rat mehr als einmal willkommen war, sie rückte auf, saß im Vorzimmer des Intendanten, wurde zu Konferenzen zugezogen und nicht nur ihrem Wissen, sondern wahrscheinlich mehr ihrem blendenden Aussehen verdankte es das Theater, daß viele für das Haus günstige Kompromisse geschlossen wurden.
Dann kam Volker in geschäftliche Schwierigkeiten, die er ihr erst verschwieg, bis er die regelmäßigen Leistungen für sie nicht mehr aufbringen konnte. Ilse fragte ihn gerade heraus, was es damit auf sich hätte und als er endlich die Karten offen auf den Tisch legte, entschied sie,

daß es nun wohl besser sei, wenn sie sich trennen würden.

Volker war wie vom Donner gerührt, er hatte gehofft, sie würde ihm wenigstens durch den Verkauf der Eigentumswohnung aus den ersten persönlichen Schwierigkeiten heraushelfen. Ilse aber erinnerte ihn an ihre klaren Abmachungen, die sie am ersten Abend in Düsseldorf getroffen hatten. So machte Volker Konkurs und Ilse war ihn los.

Sie bedauerte das natürlich, andererseits wußte sie inzwischen längst, daß sie für ihn nicht mehr als ein Schmuckstück gewesen war. So sah sie die Sache realistisch und weinte ihm keine großen Tränen nach. Zum ersten Mal dachte sie daran, sich selbst einen Mann zu suchen und da hatte sie keine Schwierigkeiten. Ihre Wahl fiel auf einen Stadtrat, mit dem sie öfter zu tun hatte, wenn es darum ging, den Haushaltsplan für das Theater zu erstellen. Nicht sie erlag seinen, sondern er ihren Reizen und verfiel ihr völlig.

Natürlich war auch er verheiratet, was Ilse nicht störte. Dafür die Ehefrau, der die Verbindung nicht lange geheim geblieben war. Eines Tages stand sie vor der Türe und Ilse konnte sie schlecht abweisen. Es kam zu einem unschönen Gespräch, Ilse verlor den Stadtrat so schon nach kurzer Zeit und wenig später auch den Job beim Theater, die Frau Stadtrat hatte ganze Arbeit geleistet.

Dies gab den Ausschlag dafür, daß sie Frankfurt verließ. Ihre Wohnung vermietete sie günstig an eine große Firma, von der sie annehmen durfte, daß die Miete pünktlich überwiesen würde. Sie selbst setzte sich in den

Wagen und fuhr nach München, in die Stadt der schönen Künste, für die sie sich in Zukunft zu interessieren entschlossen hatte. Aber weder beim Fernsehen, noch beim Rundfunk, weder beim Theater noch beim Film hatte man auf sie gewartet, so war sie endlich froh, in einem Museum eine adäquate Anstellung zu finden. Das Museum gehörte dem Staat und dort wurde morgens um sieben angefangen zu arbeiten, eine Zeit, die mit ihrem eigenen Rhythmus nicht gerade übereinstimmte. So war sie froh, als sie in einem der vielen Cafés auf dem „Boulevard Leopold" Jochen kennenlernte. Auch er war aus der ersten Blüte der Mannesjahre heraus, Bezirksdirektor bei einer Versicherung und von ihrem Aussehen hingerissen. Das war aber auch Zeit, denn Ilse fürchtete schon, ihr Kapital angreifen zu müssen.

Jochen nahm ihr diese Sorge ab, wieder wurde eine nette Zweizimmerwohnung am Englischen Garten gemietet und wieder war es Ilse, die das Liebesnest kultiviert zu gestalten wußte. Und kaum hatte Ilse wieder sicheren Boden unter den Füßen, sah sie sich, jetzt weitaus selbstbewußter nach einem Job um. Da auch Jochen dies respektierte und zudem viele Kunden in der Kulturbranche hatte, ging es diesmal schneller, Ilse wurde so eine Art Geschäftsführerin bei einer kleinen Filmproduktion, die Auftragsfilme fürs Fernsehen machte. Lag es an ihrer Erscheinung oder an ihrem Können, die auftraggebenden Redakteure beider Fernsehsysteme reisten jetzt viel lieber nach München, der Geschäftsumfang schwoll zusehends an und Ilse handelte die Preise aus, was „diesem jungen Ding" niemand zugetraut hatte.

Auch der Produzent war Realist und zudem unverheiratet, so machte er Ilse einen Heiratsantrag, den sie ablehnte. Ihr gutes Einvernehmen wurde dadurch nicht getrübt und Jochen war ihr dankbar.
Die Zeit verging wie im Fluge, Ilse wurde dreißig und entdeckte gemeinsam mit Jochen ein neues Hobby: Reisen. Und da Reisen bekanntlich bildet, erweiterte sich ihr Horizont bedeutend. Nie versäumte sie, in fremden Ländern und Städten eifrig Theater und Filme zu besuchen, begann auch Interessen für Mode zu entwickeln, Bücher waren für sie keine Dekorationsstücke in „Gelsenkirchener Barockregalen", sondern zum Lesen da, kurzum, sie stand mit beiden Beinen fest auf dem Boden der Tatsachen und war ihres Lebens zufrieden.
Mehrfach in den verschiedensten Formen an sie herangetragene Heiratsangebote lehnte sie entschieden ab. Noch heute ist sie die Seele der Filmproduktion, nur Jochen hat inzwischen einem anderen Manne Platz gemacht — Manfred. Manfred lebt in Westfalen, hat dort eine stattliche Möbelfabrik stehen und ist beruflich gute zwanzig Mal jährlich in München. Ilse fragt nicht nach seinen Lebensumständen, sie mag ihn — ohne allzuviel Gefühl zu verschwenden, nimmt, was das Leben und Manfred ihr bieten und denkt nicht daran, diesen Zustand in naher Zukunft zu ändern. Sie kann rechnen und dafür ist sie der Mutter dankbar, sie nimmt teil am Leben, das sie sich selbst aufgebaut hat, hat weitgehende Interessen und ist damit glücklich. Das Recht auf einen Mann ihrer Wahl ist ihr so selbstverständlich wie Essen und Trinken.

Diese beiden authentischen Fälle zeigen deutlich, wie sehr sich die Verhältnisse geändert haben. Die junge ledige Frau hat heute in erster Linie das Bedürfnis, sich auf eigene Beine zu stellen. Dabei steht weniger irgendein Versorgungsdenken im Vordergrund, als der Wunsch nach Unabhängigkeit.

Diese Unabhängigkeit sieht die Frau mehr in einer guten Berufsausbildung und deren Ausübung gegeben.

Diese Unabhängigkeit aber versetzt sie auch in die Lage, die an sie herangetragenen Anträge für Bindungen von dauernder Art nüchterner und sachlicher zu prüfen. Noch ist es nicht die Norm, daß die Frau von heute erst einmal mit einem Mann „auf Probe" zusammenlebt, aber diese Entwicklung nimmt mehr und mehr zu.

Dies hat zur Folge, daß der Mann sich heute weitaus mehr anstrengen muß, um wirklich das ganze Vertrauen der Frau zu erwerben. Die Möglichkeit, solche Verbindungen auf Zeit jederzeit und von jeder Seite aus sofort zu beenden, zwingt zu größerer Disziplin und zu größerer Rücksichtnahme aufeinander.

Erst wenn alle Erwartungen der Frau in dem von ihr mitgewählten Mann erfüllt sind, wenn ihre Bedürfnisse, die sie an das Leben stellt, befriedigt werden und über einen gewissen Zeitabschnitt Frustrationen nicht eingetreten sind, wird sie überhaupt erst dem Gedanken nähertreten, eine gesetzliche Bindung — eine Ehe also — einzugehen.

Was aber erwartet die Frau von einem Mann? Was erwartet die junge Frau, die sich zu einer Bindung entschließen soll?

Die Erwartungen der Frau

Ein Zusammenleben zwischen Frau und Mann ist eine natürliche Sache. Nur die Erwartungen, die die Frau heute an ein solches Zusammenleben stellt, sind durch die fortgeschrittene Emanzipation der Frau wesentlich gestiegen. Der Mann muß sich schon sehr anstrengen, wenn er alle Erwartungen, die eine Frau an das Leben — und damit insbesondere an ihn — stellt, erfüllen will.

Natürlich steht am Anfang jeder Beziehung der Wunsch nach **Liebe** noch an erster Stelle. Und unter Liebe versteht die Frau die ganze Skala der bewußten und unbewußten Gefühle, die sie bereit ist zu geben, aber auch zu fordern. Die geistige und seelische Bereitschaft, sich dem Partner ganz zu geben und sich mit ihm völlig auszutauschen, ohne jede Einschränkung, ist dafür eine Grundbedingung. Die Zärtlichkeit, zu der der Mann fähig ist, aber auch alle anderen Gefühle wie Fröhlichkeit, Herzlichkeit, Schmerz, Kummer und Sorgen sind Bestandteile dieses Gefühlslebens, von dem die Frau erwartet, daß sie nicht nachlassen, nicht den Kuß zur Gewohnheit werden lassen, die Umarmung aus dem Zusammenleben verbannen und damit die Liebe töten. Die Frau kann und will nicht ohne Liebe leben. Sie wird von sich aus alles tun, die Liebe am Leben zu erhalten. Sie ist im Gegensatz zum Mann immer bereit, da zu sein, ohne Rücksicht auf Termine oder unaufschiebbare Verpflichtungen. Die Liebe steht für sie über allen anderen Verpflichtungen. Nur die Frau ist in der Lage, ihre Gefühle, ihre Liebe gerecht zu verteilen. Kommen Kinder, wird sie ihnen — ohne dem Mann etwas zu nehmen — die ihnen zustehende Liebe zukommen lassen. Sie wird die Gelassenheit aufbringen, sich der Eifersucht zu widersetzen, denn als kluge Frau weiß sie, daß die Eifersucht der Tod jeder Kommunikation und damit der Tod der Liebe ist. Die Frau aber will lieben, sie will Gefühle geben und nehmen, und sie verlangt, daß diese Gefühle aus dem Herzen und nicht aus dem Verstand kommen. Jede Frau ist liebesfähig, das Gleiche kann man nicht von jedem Mann behaupten. Seine Gefühle sind weit materieller. Bindungen, die aus materiellen Gründen zustande kommen, sind von vornherein zum Scheitern verurteilt, wenn sie auch in vielen Fällen ein Leben lang halten. Partnerschaften, die auf materiellen Grundlagen beruhen, sind ein immerwährender Kampf um die materiellen Rechte, der zumeist mit den brutalsten Mitteln geführt wird. Sadismus, Zynismus, Masochismus und andere Abarten menschlichen Verhaltens haben ihre Ursache in diesen materiellen Partnerschaften, die ohne echtes Gefühl leben. Menschen in solchen Verbindungen existieren, aber sie leben nicht. Die liebende Frau verlangt, daß das Denken des Partners sich zuerst auf sie und die gemeinsame Familie konzentriert und erst dann die Umwelt einbezieht, die materielle Partnerschaft denkt zuerst an die Umwelt und deren Meinung, bevor sie ihr eigenes Verhalten nach dieser Umwelt ausrichtet. Tatsache ist, daß bedauerlicherweise materielle Partnerschaften heute noch in der Mehrzahl sind.

Sie stellen nicht nur eine Gefahr für sich selbst dar, sondern werfen durch ihre Masse eine Fülle von gesellschaftspolitischen Problemen auf, die auf die Welt in der wir leben unheilvollen Einfluß hat. Mangelnde Liebesbereitschaft führt zu Kriegen, zu vorsätzlichem Unverständnis und damit zu fehlendem Entgegenkommen. Die Liebe ist nicht nur ein Gefühl, sondern die Basis für jeden Frieden. Wer nicht lieben kann, wird keinen Frieden finden, ja, er wird ihn nicht einmal wünschen. Das gilt für die eheliche Gemeinschaft ebenso, wie für die Gemeinschaft der Völker. Ein einfacher Blick in die Weltgeschichte beweist das. Wo immer kriegerische Auseinandersetzungen stattfinden, fehlt die Möglichkeit, sich zu lieben, denn nur die Liebe überwindet die Schranken zwischen den Geschlechtern und Völkern zur Verständigung. Verständigung aber tut immer dann not, wenn gegensätzliche Meinungen aufeinanderprallen. Darum ist es an der Zeit, einen Feldzug für die Liebe auszurufen, wenn diese Erde nicht zugrunde gehen soll. Die Liebe kennt keine Kompromisse, sie ist etwas Ganzes, Unteilbares. Mit dem Verstand herbeigeführte Kompromisse können daher immer nur eine gewisse Zeit von Bestand sein. Wenn man sie nicht mit Liebe anfüllen kann, werden sie zerbrechen und zu neuen Zerwürfnissen führen. Die Liebe ist auch kein Besitz, sie ist materiell nicht wertbar, entweder man hat sie oder empfängt sie, man ist bereit, sie zu geben, aber sie ist ausschließlich im geistigen und seelischen Bereich beheimatet, einem Gebiet also, das nur freiwillig betreten werden kann. Niemand hat zur Liebe aufgrund von Gewalt oder Materie Zutritt, sie ist etwas

Ausschließliches, über das jedes menschliche Individuum allein verfügt. In der Liebe gibt es keine Vorschriften und Gesetze, sie folgt eigenen Vorstellungen, die sich nicht reglementieren lassen. Die Liebe gehört jedem, die meisten Menschen sind in der Lage, sie in sich zu entwickeln, die wenigsten tun es. Die Liebe ist unabhängig von arm und reich, von Kirche und Staat, von Rassen und Grenzen. Sie äußert sich vielfältig, mitunter unverständlich und bleibt doch das wertvollste Gut des Menschen. Ohne Liebe leben zu müssen, ist schlimmer als zu sterben. Darum verlangt die Frau zurecht Liebe und da sie weiß, daß dies kein Auto ist, das man an der nächsten Ecke kaufen kann, wird sie sie geben, um sie empfangen zu können.

An zweiter Stelle der Erwartungen, die eine Frau heute an eine gute Partnerschaft stellt, steht die **Solidität** des Zusammenlebens. Ihrer ganzen Veranlagung nach ist die Frau in der Industriegesellschaft nicht polyandrös veranlagt, sie muß nicht viele Männer haben, um ihre Erwartungen erfüllt zu sehen. Sie will in der Regel die Bindung an einen Mann und erwartet von dieser Bindung, daß sie auf soliden Beinen steht. Darunter versteht sie eine bestimmte Treue, auf der das Verhältnis beruhen soll. Sie wird also die geplante Verbindung daraufhin prüfen, ob es auch eine solide Verbindung werden kann. Ist dies nicht der Fall, wird sie die Finger davon lassen, schon aus der Einsicht heraus, daß sie ohne solides Fundament nicht glücklich werden kann. Auch die Solidität beruht auf Gegenseitigkeit, ist diese Gegenseitigkeit nicht gegeben, ist das Scheitern vorauszusehen. Da diese solide

Grundauffassung Bestandteil jedes erfolgreichen Zusammenlebens und damit auch der Liebe ist, wird sie zum wichtigen Prüfstein vor jeder Verbindung. Die Solidität ist nicht — wie oft fälschlich behauptet wird — materiell begründet, sondern zielt ausschließlich auf die Gefühlswelt der Partner. An die Kraft, die Stärke und Ausdauer der Gefühle richtet sich diese Forderung nach Solidität.

Ein nächster wichtiger Punkt ist das **Vertrauen.** Die Frau vertraut dem Mann und verlangt das gleiche Vertrauen von ihm. Vertrauen heißt glauben, daß der Partner in voller Offenheit bereit ist, das künftige Leben miteinander zu teilen, also eine positiv-optimistische Zuversicht für das Leben zu Zweit, die Erwartung von Ehrlichkeit. Auch das Vertrauen ist in der Ehe unteilbar, man kann der Frau oder dem Mann nicht „weitgehend" vertrauen, man muß ganz vertrauen oder gar nicht. Sind die Partner dazu nicht in der Lage, sind sie keine Partner mehr, höchstens zwei Bekannte, die sich in bestimmten Dingen und Gedanken ergänzen. Dies aber ist keine Basis für ein ständiges Zusammenleben, kann aber Basis für brauchbare Freundschaften sein. Wo das Vertrauen fehlt, sucht sich das Mißtrauen sein Recht. Schon die Möglichkeit zu mißtrauen, ist das Ende des Vertrauens und damit der erste häßliche Sprung in der Gemeinschaft. Die Frau sollte mit ihrem Vertrauen vorsichtig umgehen, sollte den Partner gründlich prüfen, ob er es wert ist, daß die Frau ihm ihr Vertrauen schenkt. Erst wenn diese Prüfung ohne Einschränkung positiv ausgefallen ist, soll sie ihr Vertrauen verschenken. Dann aber auch ganz und rückhaltlos. Und sie soll ihr Vertrauen erst dann aus der Hand geben, wenn sie quasi als Gegenleistung das volle Vertrauen ihres Partners genießt, denn auch das Vertrauen gehört in den Bereich der Gefühle, wenn es auch mehr vom Verstand her bestimmt wird. Jedes Vertrauen gerät einmal in eine Krise, aber das ist ja gerade das Wesen des Vertrauens, daß es hier wirksam wird und die Möglichkeit zu offenen Aussprachen bietet. Diese Aussprachen dürfen keinen Zweifel — also kein Mißtrauen — hinterlassen. Das gegenseitige Vertrauen ist die Basis für die Kommunikation in der Lebensgemeinschaft — ohne Kommunikation ist sie sowieso nicht lebensfähig. Das Vertrauen ist also ein Blankowechsel, den man dem Partner übergibt, in der festen Zuversicht und im Wissen darüber, daß er kein Schindluder damit treibt. Über die Liebe hinaus bringt erst das Vertrauen den Grundstein für eine dauernde gute Verbindung. Das Vertrauen aufeinander zählt zu den Kräften, die auch härteste Prüfungen der Ehe erfolgreich bestehen läßt. Kann die Frau also dem gewählten Partner dieses Vertrauen nicht rückhaltlos und ohne Einschränkung geben, soll sie lieber verzichten.

Weiter erwartet die Frau vom Mann, daß er **klare Vorstellungen** vom gemeinsamen Leben, aber auch vom sogenannten Lebenskampf hat. Bevor eine Lebensgemeinschaft eingegangen wird, verlangt die Frau heute vom Mann, daß sie seine Ansichten, wie sich dieses Leben in der Zukunft gestalten soll, kennenlernt. Die bedingungslose Anheimgabe ihres Lebens ist nicht mehr die Norm. Im Gegenteil. Die Ansichten des Mannes, wie er sich die zukünftige Wohnung, die Aufgabenbereiche in der Gemeinschaft, die berufliche Tätigkeit und das Fortkommen der Familie vorstellt, sind wesentliche Voraussetzungen für eine Bindung. Dabei überläßt die Frau nicht mehr dem Mann allein die Initiative, sondern trägt ihre Gedanken mit dem gleichen Freimut vor, den sie auch vom Mann verlangt. Divergierende Interessen werden gemeinsam gelöst, dies geschieht in der Diskussion. Gegensätzliche Standpunkte werden dabei einander angepaßt werden müssen, oft scheitert die Auseinandersetzung an den meist klareren Vorstellungen der Frau, die realistischer, aber auch bescheidener zu denken in der Lage ist. Andererseits verlangt sie heute die volle Gleichberechtigung bei der Beratung und auch bei der Entscheidung, wie das künftige Leben aussehen soll. Ihren Anspruch auf die Mitgestaltung leitet sie einmal von ihrer größeren Selbständigkeit, aber auch von der Einsicht ab, daß eine ständige Bindung Entgegenkommen von beiden Seiten bedingt. Für den Mann, der es bisher gewohnt war, daß die Frau sich ihm unterordnet, bedeutet dies eine erhebliche Umstellung seines Denkens. Predigen nicht die Kirchen „Die Frau soll dem Manne untertan sein"? Auch die Moral-Theoretiker der Kirchen werden sich hier schon bald etwas Besseres, Neues einfallen lassen müssen, denn die Wirklichkeit ist dabei, diesen jahrhundertealten Kernsatz aus der Bindung zwischen den Geschlechtern hinwegzufegen. Hat also die Frau hier schon klare Vorstellungen bezogen, fällt es dem Durchschnittsmann noch immer schwer, von dieser einmal so bequemen und andererseits traditionellen Denkweise Abschied zu nehmen.

Aber der Mann, der seiner künftigen Frau keine klaren Vorstellungen entwickeln kann, wie das gemeinsame Leben aussehen soll, hat wenig Chancen, die Hand und das Herz fürs Leben gereicht zu bekommen. Dies mag eine Entromantisierung des Lebens sein, die Frau aber will ihr Leben nicht mehr der vom Mann allein bestimmten Ungewißheit anvertrauen. Sie will mitüberlegen, mitentscheiden, mitreden, wenn es um das Gemeinsame, um die Zukunft ihrer Ehe geht. Und auch hier entwickelt sie mehr Initiative, mehr Phantasie, mehr Pragmatismus als der Mann, der zu Beginn einer Verbindung meistens in eine nebulöse Gefühlswelt verstrickt ist, die für ihn einfach im Hafen der Ehe zu enden hat. Die Frau sieht weiter, sieht die Zeit der Gewohnheit und des Alltags und sie will nicht — wie noch eine Generation vor ihr — das Zusammenleben durch unklare Ausgangspositionen scheitern sehen. Darum entscheidet sich die Frau von heute schwerer und langsamer, denn der Prüfungsprozeß, den sie dem Mann auferlegt, währt länger. Mehr als je zuvor legt die Frau Wert auf klare Aussagen, auf klare Vorstellungen ihres Partners, bevor sie bereit ist, auch nur einen Zipfel ihrer Selbständigkeit zu opfern. Sie weiß, daß das Leben voller Überraschungen sein kann, darum will sie soviele Überraschungen wie nur immer möglich gar nicht erst Wirklichkeit werden lassen, sondern sie von vornherein unmöglich machen. Der Mann macht dabei die schmerzliche Erfahrung, daß er nicht mehr der „Herr aller Dinge" ist, sondern daß er von seinen angestammten Rechten einen erheblichen Teil dem Vergessen und der Vergangenheit überlassen muß.

Mehr als je zuvor verlangt die Frau „das Heft in der Hand“ zu haben, ob es ihm paßt oder nicht. Dies verlangt ein tiefes Verständnis vom Mann, wahre Liebe und uneingeschränktes Vertrauen zur Frau, wenn er nicht scheitern will. Diese Einstellung haben die Frauen auch der früheren Generation zum Teil nachträglich noch in ihr Eheleben eingebaut. Die Leistungsgesellschaft, ihr Zwang, daß die ganze Familie mitdenkt und mitlenkt, hat dies einfach zu einer Notwendigkeit gemacht. Und der Mann ist schon heute dankbar, daß ihm mit diesem der Frau eigenen Pragmatismus viele Entscheidungen und damit eine große Bürde an Verantwortung abgenommen wurde. Der kluge Mann wird sich also in Entwicklungen fügen, die er durch sein eigenes Verhalten weitgehend mit heraufbeschworen hat.

Erst nach Absicherung aller vorgenannten Faktoren tritt das **Sexualleben** in den Bereich des fraulichen Denkens. Natürlich spielt die vollständige sexuelle Befriedigung der Frau eine komplexe Rolle. Die sogenannte Aufklärungswelle der letzten Jahre — mit all ihren Auswüchsen — hat hier mehr Unklarheiten, als Gewißheit gebracht. Eine Flut wissenschaftlicher, pseudowissenschaftlicher und schlichtweg auf niederste Instinkte abzielende Aufklärungsschriften, -filme, -fernsehsendungen und -berichte haben nicht nur die Frau verunsichert. In den Schulen wird vernünftigerweise schon den Kleinsten Unterricht über Geschlechtsverkehr, seinen Sinn und seine Folgen erteilt. Die körperliche Bindung zwischen Frau und Mann unterliegt ohne Zweifel auch noch vielen, leider immer noch unausgesprochenen Hemmungen. Die

Frau gibt sich ganz hin, aber sie äußert ihre Wünsche dem Mann nicht. Sie erwartet, daß er sie errät. Das gleiche gilt für den Mann. Auch er ist gehemmt, er traut sich nicht, sich seiner Frau mit seinen Wünschen zu offenbaren. Immer in der Angst lebend, möglicherweise als abartig, pervers oder anomal angesehen zu werden, vertrödeln so viele Paare nutzlos schweißtreibende Zeit im Bett, ohne je volle Erfüllung zu finden. Die junge Frau von heute ist auch auf diesem Sektor fortschrittlich. Da sie weiß, daß auch die körperliche Befriedigung wesentlich mit zur wirklichen Vollendung einer Partnerschaft gehört, ist sie eher bereit, aus sich herauszugehen und ihre Wünsche zu äußern. Mancher Mann erschrickt, wenn er hört, was die Frau alles von ihm erwartet. Aber diese Wünsche dürfen nicht unausgesprochen bleiben, wenn die Ehe glücklich werden soll. Zumal der Mann ohne weiteres bereit ist, die Erfüllung seiner sexuellen Wünsche — soweit diese nicht „zu Hause“ befriedigt werden — bei einer anderen Frau zu suchen. Dies ist mit einer der vielen Gründe dafür, daß wir seit Urzeiten Bordelle kennen. Aber die Frau kann in kein Bordell gehen, so muß sie ihr Recht da suchen, wo sie es hat, bei ihrem Mann. Und wehe dem Mann, der jetzt nicht in der Lage ist, sich anzupassen. Die Frau der Zukunft wird auf das Recht der sexuellen Befriedigung nicht mehr verzichten. Spirale, Pille und andere Verhütungsmittel haben sie auch auf diesem Sektor frei gemacht, sie wird diese Freiheit nutzen und die junge Frau nutzt sie schon heute, bevor sie eine Bindung eingeht, die ihr die körperliche Befriedigung versagt. Hier soll nicht der sogenannten

„freien Liebe“ das Wort geredet werden, aber die Frau hat ein Recht darauf zu wissen, was sie sexuell von ihrem Mann verlangen kann. Natürlich liegen die Dinge bei jeder Partnerschaft anders, sie sind altersbedingt, gesundheitlich abhängig, kräftemäßig verschieden. Der Gesetzgeber hat versucht, hier Normen aufzustellen. Sie gelten nicht mehr und dürfen daher nicht mehr als Anhaltspunkte sein, mit denen sich möglicherweise Scheidungsrichter heute noch herumschlagen. Aber die veränderten ernährungsphysiologischen Bedingungen, die Streß-Situation beider Partner im Berufsleben, die veränderten Umweltbedingungen und andere Faktoren mehr sind nicht ohne Einfluß auf die sexuelle Bindung und das sexuelle Verlangen der Frau geblieben. Während der Mann heute immer mehr unter den ständigen Folgen des Leistungszwangs zu leiden hat, schneller müde wird und in vielen Fällen das gesetzlich verankerte „Soll der Norm“ nicht mehr erreicht, hat sich die Frau weitgehend von bürgerlichen Vorurteilen frei gemacht, hat Spaß am sexuellen Verkehr gefunden und verlangt heute mehr, als je zuvor. Dies ist eine neue Situation, mit der Frau und Mann fertig werden müssen. Der Ernst dieser Situation darf nicht unterschätzt werden. Sollte die Entwicklung zu höheren Ansprüchen der Frau an ihr eigenes Sexualleben anhalten und sollte es nicht möglich sein, dem Mann durch entsprechende Maßnahmen die Erfüllung dieser Ansprüche zu ermöglichen, wird die Institution Ehe schon in naher Zukunft in Frage gestellt sein. Die Frau wird sich ihr Recht auch auf körperliche Befriedigung nicht nehmen lassen, sie wird also diese woanders suchen müssen, sofern sie „zu Hause“ nicht befriedigt wird. Dies wirft die Frage auf, welches Gesetz welcher Richter in den dann zwangsläufig folgenden Scheidungsbegehren wegen Ehebruchs gelten lassen soll. Die Gleichberechtigung der Frau aber auf dem Gebiete der Mannwahl nicht anzuerkennen, würde jede Eherechtsreform ad absurdum führen. Dazu gilt es zu bedenken, daß die Zahl der Frauen ständig zunimmt, wie an anderer Stelle schon statistisch nachgewiesen wurde, während die Vermehrung des Mannes eine rückläufige Tendenz aufweist. Hier soll nicht einer „Schonung“ des Mannes das Wort geredet werden, hier soll nur auf die Gefahren hingewiesen werden, die unsere Gesellschaftsform in der Beziehung Frau—Mann in sich birgt. Diese unsere Gesellschaft hat richtigerweise erkannt, daß die Frau dem Mann in vielen Dingen zumindest ebenbürtig, in einigen Fällen sogar überlegen ist. Aus diesem Grunde wurde auch von den Männern die zunehmende Emanzipation begrüßt und unterstützt. Dies darf aber jetzt nicht ins Extrem umgesetzt werden, daß die Frau dem Manne überlegen wird, ihn unterdrückt und ausbeutet. Und dies gilt vor allem für seine körperlichen Kräfte. Das muß gerade im Interesse der Frau liegen.

Sie zu erhalten und sie zu pflegen, wird daher in erster Linie ein Anliegen der Frau sein. Je offener diese sexuellen Fragen und ihre Praktizierung diskutiert und in die Partnerschaft übertragen werden, um so dauerhafter wird die Verbindung auch in dieser Hinsicht werden. Es sei ohne Umschweife eingestanden, daß die meisten Männer „fremd“ gehen, weil sie sich nicht trauen, an ihre Frauen entsprechende Wünsche heranzutragen und die Befriedigung dieser Wünsche bei anderen Frauen suchen. Die Initiative zur Kommunikation auf diesem Gebiet geht deshalb heute schon weitgehend von den Frauen aus.

Ein weiterer Schock für den Mann ist die **Nüchternheit,** mit der die Frau die Probleme einer künftigen Partnerschaft analysiert und wertet. Viele Männer unterliegen bei dieser Frage dem Irrtum, diese Nüchternheit sei ein Mangel an Gefühlen und ein Mangel an Liebesfähigkeit. Genau das Gegenteil ist der Fall. Die Frau prüft nüchtern, ob der auserwählte Partner auch in der Lage ist, Gefühle und Liebe zu schenken. Erst wenn sie sich darüber im klaren ist, wird sie ihrerseits aus ihrer nüchternen Reserve herausgehen. Der Mann bleibt also verpflichtet, um die Frau zu werben. Je überzeugender er dies tut, um so größer sind seine Chancen, die Frau zu gewinnen. Versagt er, können ihm Enttäuschungen nicht erspart bleiben. Gerade diese Nüchternheit der Betrachtungsweise und der Prüfung für eine dauerhafte Bindung sind oft die Ursache und der Anlaß für neurotische Störungen beim — insbesondere jüngeren — Mann. Erschreckt von der Sachlichkeit, mit der die Frau die Dinge vor einer Bindung betrachtet, zieht sich der Mann in eine Abwehrstellung zurück, anstatt genau umgekehrt zu handeln. Hemmungen, Schüchternheit, ja Angst sind oft die Folgen, die diese nüchterne, unbefangene Art der Frau von heute beim Mann auslösen. Anstatt sich zu geben wie er ist, baut er einen Schutzwall psychologisch bedingter Grenzen um sich auf. Das muß zu Verkrampfungen führen, die die Frau zwar spürt, von denen sie aber erwartet, daß der Mann sie selbst löst. Ist er dazu nicht in der Lage, kann es ihm geschehen, daß er „gewogen und für zu leicht befunden“ wird. Die wachsende Zahl der psychosomatischen Störungen bei Männern ist der Beweis dafür, daß hier die Frau mit ihrer nüchternen und pragmatischen Betrachtungsweise dem Mann überlegen ist. Sie, die schon vom Geschlecht her sparsamer und wirtschaftlicher denkt, als der Mann, sie, die zudem bereit ist, sich ganz anzupassen, erworbene Positionen aufzugeben und sich in bestimmten Dingen unterzuordnen, treibt den Mann mit ihrer Nüchternheit in eine Ausnahme-Situation, mit denen er in vielen Fällen nicht mehr fertig wird. Auch die Tatsache, daß die Frau solche Probleme in der ihr am einfachsten erscheinenden Art — in der direkten Aussprache — zu lösen versucht, trägt mit zum vielfachen Versagen des Mannes bei. Der Mann ist viel mehr Romantiker als die Frau, er will sie besitzen, beschützen und möglichst von der Umwelt abkapseln. Aber um sie zu besitzen, muß er ihr zumindest gewachsen sein, beschützt werden will sie nur dann, wenn es um die Belange der wachsenden Familie geht und sie verbietet es sich einfach, mit der Zusage zu einer Partnerschaft plötzlich von der Umwelt abgekapselt zu werden und völlig veränderte Lebensformen auf sich zu nehmen. Darum prüft sie nüchtern und verstandesmäßig, ob der Mann überhaupt in der Lage ist, sie hier zu verstehen, sich seinerseits von vorgeschobenen Positionen zurückzuziehen und ihre Gleichberechtigung anzuerkennen.

Ein wichtiger Fragenkomplex ist in diesem Zusammenhang auch der **Beruf.** Durch den Beruf hat die Frau sich vor einer Partnerschaft das Recht auf Mitsprache geschaffen. Sie ist stolz darauf, bisher ohne fremde Hilfe gelebt zu haben, sich eine gewisse Unabhängigkeit im wahrsten Sinne des Wortes „erarbeitet“ zu haben und sie ist in den meisten Fällen nicht bereit, auf die Früchte dieser Arbeit zu verzichten. Der erlernte Beruf und seine Ausübung sind ein Bestandteil ihrer Persönlichkeit und ihres bisherigen Lebens. Sie begründet damit aber auch das Recht, dem Mann als gleichberechtigte Partnerin entgegenzutreten. Kaum eine Frau tritt heute noch ohne einen erlernten Beruf in eine Ehe oder eine andere Partnerschaft ein. Die Frau ist also absolut in der Lage — solange sie keine Kinder hat — für sich selbst zu sorgen. Außerdem bietet ihr die Arbeit in ihrem Beruf größere Vergleichsmöglichkeiten anderen Menschen gegenüber, die Urteilskraft der Frau von heute ist größer als je zuvor, ihr Informationsstand dem des Mannes zumindest gleichzusetzen. In ihrem Beruf findet die Frau zudem den Ausgleich zum Haushalt, mit seinen meist wiederkehrenden gleichen Aufgaben. Außerdem bringt die Ausübung eines Berufes der Frau materielle Vorteile, auf die sie nur dann verzichten wird, wenn Kinder kommen oder andere familiäre Umstände dies erfordern. Das heißt, die Frau wird ihren Beruf nur dann aufgeben, wenn zwingende Umstände vorhanden sind. Der Mann wird damit aus seiner angestammten Rolle des „Ernährers“ weitgehend verdrängt. Aber auch die Hausfrau von heute weiß, daß sie einen Beruf ausübt, eine Tätigkeit, die jeder anderen Arbeit gleichzusetzen ist. Darum fordert sie zu Recht eine Entlohnung dieser Tätigkeit, eine

Einstellung, die vielen Männern noch fremd bleibt. Aber alle offiziellen Stellen haben inzwischen den „Beruf der Hausfrau“ als voll gültig anerkannt. Darum auch kann die Hausfrau ebenso wie jede andere berufstätige Person Sozialversicherungsrechte in Anspruch nehmen. Eine vernünftige Lösung, die die Hausfrau aus dem Korsett der billigen Arbeitsbiene gleichberechtigt neben den berufstätigen Mann stellt. Zwar gibt es heute kaum noch Diskussionen über die Gleichberechtigung der Frau auf diesem Sektor, nur werden seltsamerweise die daraus resultierenden Rechte noch zu wenig in Anspruch genommen. Der Beruf und die berufliche Tätigkeit der Frau wird also in den wenigsten Fällen zum Punkt der Auseinandersetzung zwischen Frau und Mann werden. Es gilt vielmehr aufklärend dahingehend zu wirken, daß die daraus entstandenen Rechte auch genutzt werden. Sind sich die Partner in dieser Frage einig, wird die berufstätige Frau wesentlich mit zum Aufbau des jungen Haushaltes und zur Vermögensbildung der Familie beitragen. Die zudem verwirklichte Geburtenkontrolle ermöglichen es Frau und Mann, den Zeitpunkt der Geburten ihrer Kinder selbst zu bestimmen, also auch hier die zusammenhängenden Faktoren Beruf—Familie—Vermögensbildung nach ihren eigenen Überlegungen einzusetzen. Die Frage der berufstätigen Frau ist heute kein Eheproblem mehr und wird in den wenigsten Fällen Konflikte heraufbeschwören, es ist eine Organisationsfrage, die zu lösen ist. Fünfzig Prozent aller verheirateten Frauen arbeiten außerhalb des Haushaltes, verdienen Geld und helfen mit, einen höheren Lebensstandard zu ermöglichen. Aber nicht nur sie — sondern genau genommen in noch weit größerem Maße die Nur-Hausfrau — hat ein Recht darauf, über alle Probleme des Zusammenlebens gleichwertig mitzuentscheiden.

Entscheidungen aber bedürfen der vollständigen Kommunikation, die wiederum **Wahrheit, Ehrlichkeit** und **Offenheit** voraussetzen. Die Frau weiß sehr fein zwischen diesen drei Begriffen zu unterscheiden, sie weiß, daß die Wahrheit viele Seiten hat, verschieden zu interpretieren ist und daher als Basis für eine glückliche Ehe zwar Voraussetzung, aber nicht ausreichend ist. Die Frau verlangt absolute Ehrlichkeit in den Dingen, die das gemeinsame Leben betreffen. Wird sie belogen, ist es wieder die Frau, die schnell hinter die Unwahrheit kommt und sie wird sich entsprechend verhalten. Die Zeiten, in denen die Frau mit einer Lüge des Mannes sich schlaflose Nächte bereitete, sind vorbei, ebenso wie die Zeiten, in denen sie sich nichts zu sagen traute. Die Frau von heute ist mutig, sie will wissen, woran sie ist und darum wird sie in aller Offenheit ihre Fragen stellen und ohne lange Umschweife auf den Kern der Sache kommen. An anderer Stelle wurde schon gesagt, daß der Mann der weitaus bessere Lügner ist. Aber zur Lüge gehören Intelligenz und ein blendendes Gedächtnis. Das Zeitalter des Computers und seiner für viele Menschen unverständlichen Arbeitsweise haben es mit sich gebracht, daß viele Dinge des menschlichen Bereichs heute schon der elektronischen Datenverarbeitung anvertraut werden (einschließlich der Durch-Numerierung der Weltbevölkerung), Gedächtnis ist also eine Frage der Technik und der Speichermöglichkeit geworden.

Sie hält Tatsachen fest, die schon in wenigen Jahren von jedermann telefonisch abrufbar sind, ihre Aussagen sind wertneutral und daher wahr. Lügen haben also schon in naher Zukunft nicht nur „kurze Beine", sondern können in Bruchteilen von Sekunden entlarvt werden. Dies trägt dazu bei, daß die Offenheit und Ehrlichkeit nicht nur im Geschäftsleben, sondern auch im privaten Bereich erfreulich zugenommen hat, für eine dauernde Bindung aber sind Wahrheit, Ehrlichkeit und Offenheit in der Industriegesellschaft eine absolute wesentliche Voraussetzung. Es kann keine Verständigung unter gleichberechtigten Partnern — Frau und Mann — geben, wenn diese nicht bereit sind, die Dinge so zu sagen, wie sie sind. Denn trotz verkürzter Arbeitszeiten hat der Mensch heute weniger Zeit als je zuvor. Zu stark sind die unterschwelligen anderen Reize, denen er ausgesetzt ist. Haushalt und Straßenverkehr werden mehr und mehr zu vollmechanischen Einrichtungen, deren Bedienung (von der Waschmaschine über den Fernseher bis zum Automobil) allergrößte Aufmerksamkeit von beiden Partnern fordert. Die Konzentration auf diese mechanischen Lebenshilfen, die bessere Information über alle Ereignisse durch neue Medien, die Selbstverständlichkeit des Telefons und viele andere Neuerungen mehr verweisen die Lüge in absehbarer Zeit ins Land des Vergessens. Nutznießer ist in erster Linie die Frau, sie behält jetzt mehr als je zuvor die totale Kontrolle über die ihr anvertrauten Menschen und Güter und sie macht von dieser Kontrolle Gebrauch.

Vom Wesen her ist die Lüge der Frau zuwider, sie kann mehr Wahrheit vertragen, als der Mann oft gerne

„wahr"-haben möchte. Die Wahrheit ist ihr lieber, als jede noch so gut gemeinte Lüge. Nur mit der Wahrheit kann sie in Krisensituationen mitdenken und folglich auch mitentscheiden. Die Frau ist von sich aus ehrlich und offen, erwartet dies auch von ihrem Partner, der in der Welt der Männer nahezu schon systematisch zur Lüge erzogen wurde. Bringt er hier nicht die Fähigkeit zum Umdenken auf, wird er die Frau verlieren, denn ohne rückhaltloses Vertrauen, das Wahrheit, Ehrlichkeit und Offenheit einbezieht, kann und will die Frau nicht zusammenleben.

Das **Selbstbewußtsein** der Frau ist durch all diese Umstände gerade in den letzten Jahrzehnten erheblich gestiegen. Wehe dem Mann, der versucht, der Frau dieses Selbstbewußtsein zu nehmen, er wird sie nicht mehr — wie in früheren Generationen — zerbrechen, sondern er wird sie verlieren. Die Frau von heute weiß, was sie wert ist und sie ist bereit, diese Werte zu verteidigen. Nicht umsonst hat sie jahrzehntelang um die Gleichberechtigung gekämpft, sie wird ihr heute auf fast allen Sektoren menschlichen Zusammenlebens zugestanden und die Frau ist nicht bereit, von diesen erkämpften Rechten auch nur einen Millimeter Terrain freiwillig zu räumen. Ihr Selbstbewußtsein begründet sich im wesentlichen in ihrer Selbständigkeit (sie ist heute normalerweise in der Lage, sich selbst zu ernähren), in der Freiheit der Mannwahl (langwirkende Verhütungsmittel haben sie hier befreit), in der politischen Entscheidung (die Frau ist auch im politischen Leben und den zu treffenden Wahlen und Entscheidungen gleichberechtigt). So ist das Selbstverständnis der

Frau heute ein ganz anderes, als das der Frau einer Generation vor ihr. Die Frau trifft wie der Mann heute gleichwertige Entscheidungen auf allen Sektoren des Lebens, dazu ist sie reaktionsschneller, in vielen Fällen intelligenter und ehrlicher als der Mann. Vorteile, die ihr schon in naher Zukunft weiter zugute kommen werden. Dies drückt sich auch in ihrer Haltung aus, sie ist stolzer, größer und schöner geworden und sie ist aus innerer Überzeugung — und nicht, weil man es ihr einzureden versucht hat — Frau. Sie weiß, was von der Frau heute gefordert wird und sie kommt diesen Forderungen nach, konsequent und ohne Abstriche. Die Frau drückt sich nicht vor der Verantwortung, sie hat eine eigene Meinung und eigene Vorstellungen vom Leben. Diese setzt sie durch, nicht ohne kompromißbereit zu sein, denn auch sie weiß, daß ein Idealzustand nur selten erreicht werden kann. Dies drückt sich nicht zuletzt im äußeren Habitus aus, das langjährige Modediktat Pariser Couturiers hat ausgedient und gehört wie eine schnell verblühende Orchidée der Vergangenheit an. Immer mehr Frauen tragen Hosen — mit Vorliebe Blue-Jeans — aus Zweckmäßigkeitsgründen und nicht, um sich dem Mann auch äußerlich anzugleichen. Dafür zeigt der Mann in seinem Selbstbewußtsein schnell voranschreitende Degenerationserscheinungen, lange (frauliche) Haare werden immer beliebter, seine Kleidung wird bunter, sein Wesen femininer. An dieser Tatsache ändern auch ein paar Kraftmeier nichts, die dem „männlichen Geschlecht" mit brutaler Gewalt noch Achtung verschaffen wollen. Die Frau steigt unbemerkt aber stetig in immer bedeutendere

Positionen auf, viele Frauen sind heute schon die Vorgesetzten von vielen Männern. Die Zielstrebigkeit und Zuverlässigkeit der Frau im Leben und im Beruf ist nicht unbeachtet geblieben und gerade auf Gewinn ausgerichtete Unternehmen berufen immer mehr Frauen in leitende Positionen. Ohne die Frau ist der Arbeitsprozeß in der Industriegesellschaft heute gar nicht mehr denkbar, ohne Mann schon. Erst der Zweite Weltkrieg hat nachdrücklich bewiesen, daß die Frau in der Lage ist, nicht nur Familien allein zu ernähren, sondern auch Produktionsprozesse und Staatsverwaltungen spielend zu meistern. Nicht nur viele Unternehmen, sondern auch schon große Länder sehen heute Frauen an der Spitze. Die Frau betrachtet dies als Selbstverständlichkeit, der Mann nimmt es immer noch etwas bedenklich, den Kopf schüttelnd, hin. Die Frau braucht weniger als der Mann Vorbilder, an denen sie sich ausrichten und denen sie nacheifern kann. Ihre Kraft kommt aus ihr selbst, die Tatsache, daß sie die gleichen und oft noch mehr Dinge meistert, als der Mann, stärkt und gibt ihr ihr Selbstvertrauen. Dieses stark ausgeprägte Selbstbewußtsein wächst immer mehr, ist heute selbstverständliche Basis für das Verhalten der Frau. Sie wird dem Manne dadurch nicht fremd — wenn dies einige auch glauben mögen —, sondern sie kommt ihm in Wirklichkeit immer näher. Darum auch sieht die Frau keine Veranlassung, sich von ihrem Stolz auf sich selbst etwas nehmen zu lassen und dem Mann wird kein Zacken aus der „männlichen Krone" brechen, wenn er die Leistungen der Frau und das darauf beruhende Selbstbewußtsein anerkennt.

Gerade aber dieses Selbstbewußtsein der Frau und die Sicherheit, die ihr dieses gibt, macht es ihr leichter als dem Mann, sich **anzupassen.** Sie ist jetzt — auf gleichberechtigter Ebene — gern bereit, mit dem Mann über Notwendigkeiten zu reden und gegensätzliche Standpunkte einander näherzubringen. Aber sie verwechselt nicht Anpassung mit Unterwerfung, wie dies frühere Generationen vor ihr erwarteten. Die Frau von heute versteht unter Anpassung die Diskussion gemeinsam zu bewältigender Probleme und Themen, die gemeinsame Überlegung, wie man dieser Dinge Herr werden kann. Dabei ist sie bereit, sich Notwendigkeiten unterzuordnen, solange ihre Würde dabei nicht verletzt wird. Sie weiß sehr genau, daß viele Dinge im Leben nicht so laufen wie sie es sollten oder wie man sich das wünscht. Und sie weiß weiter, daß man sich nach der Decke strecken muß. Kommen also unerwartete Ereignisse, Ausgaben oder Situationen auf sie zu, ist sie sehr schnell in der Lage, sich diesen neuen Gegebenheiten anzupassen. Der Mann tut sich auch hier schwerer. Verluste, gleich welcher Art, sind für ihn schmerzlicher, als für die Frau. Nicht, daß nicht auch die Frau ihr Herz an weltliches Gut verlieren könnte, nein. Aber sie ist besser und schneller in der Lage, solche Verluste zu verschmerzen. Sie ist auch bereit, sich bestimmten Gewohnheiten ihres Partners unterzuordnen, wenn dieser andererseits ebenfalls bereit ist, sich ihren Gewohnheiten unterzuordnen. Daraus entspringt nicht selten ein gegenseitiger Erziehungsprozeß, der zur gegenseitigen Anpassung der Verhaltensweisen und der Standpunkte führt. Das ist der Idealfall. Im allgemeinen aber erwartet die Frau vom Mann, daß auch hier gleiches Recht für beide Teile gilt. Ist sie gezwungen, sich bestimmten Vorstellungen anzupassen, ohne daß der Partner seinerseits das gleiche Recht zu geben bereit ist, wird das Verhältnis darunter leiden und möglicherweise zerbrechen. Eine Unterwerfung unter die Herrschaft des Mannes wird von der Frau von heute nicht mehr akzeptiert. Sie verlangt, daß ihre Erwartungen erfüllt werden und sofern das nicht möglich ist und sie mit Schuld an der veränderten Situation trägt, wird sie sich ohne zu murren den Notwendigkeiten fügen. Den Dingen unterodnen — ja!, den Dingen unterwerfen — nein! Mit dieser Haltung muß der Mann rechnen. Und wird darauf und auf die Möglichkeit, sich hier zu ergänzen, von der Frau geprüft werden.

Dieser Prozeß der Anpassung ist nicht zuletzt Voraussetzung, um **gemeinsame Interessen** festzustellen und auszuüben. Oft sind es ja am Anfang gemeinsame Interessen, die Frau und Mann zusammenführen. Sei es im beruflichen Bereich, auf kulturellem Sektor oder auf einem der vielen anderen Gebiete, in denen Menschen Interessen entfalten. Diese Interessen führen sie zusammen, bringen einen Austausch der Gedanken und wecken auch das Interesse aneinander. Nun muß nicht eine Frau, die sich für Malerei interessiert, gleichzeitig auch ein Interesse am Kegeln haben, wie vielleicht der Mann. Hier bedarf es einer offenen Aussprache über die einzelnen Interessengebiete. Es soll damit nicht gesagt sein, daß die Frau irgendwelche Einwände gegen den Kegelsport des Mannes hat. Aber er — der Mann — soll auch nicht versuchen, seine Frau nun unbedingt zum Kegeln zu überreden, wenn sie in Wirklichkeit lieber während der gleichen Zeit ein Konzert besuchen möchte. Die persönliche Freiheit, die auch der Mensch in der Ehe braucht, muß gewährleistet bleiben. Dies wird um so leichter der Fall sein, je mehr gemeinsame Interessen die Partner haben. Kluge Frauen werden versuchen, sich mit den Interessen des Mannes zumindest zu beschäftigen und zu prüfen, ob diese Interessen nicht auch für sie in Frage kommen könnten. Wo der Mann allerdings aktiver Fußballer ist, endet dieses gemeinsame Interesse und die Frau wird maximal auf die Tribüne verbannt, wo sie sich möglicherweise schrecklich langweilt. Hier besteht die Gefahr, daß die Frau ins Abseits der Interessen des Mannes gerät und das kann umgekehrt genau so der Fall sein. Darum gilt es vor einer endgültigen Bindung Frau—Mann, möglichst tief in die einzelnen Interessensgebiete vorzustoßen und zu prüfen, ob eine Identifikation überhaupt in Frage kommt. Man hüte sich als Frau auch hier vor allzu großer Nachgiebigkeit. Interessen sind Bestandteil eines Menschen, sie liegen in seinem Inneren, in seinem Unterbewußten und in seinem Verstand begründet, Faktoren also, die man kaum oder nur sehr schwer ändern kann. Streben also die gegenseitigen Interessensgebiete zu weit auseinander, sollte man es bei einer guten Freundschaft auf dem gemeinsamen Interessensgebiet belassen und nicht versuchen, den Partner mit irgendwelchen Mitteln von seinen Interessen abzulenken. Dies wird immer nur kurze Zeit gut gehen (wenn es überhaupt geht und der Partner seinen Interessen in solchen Fällen nicht einfach heimlich nachgeht) und muß über kurz oder lang auf Kollisionskurs führen. Die gemeinsamen Interessen sind also für eine dauernde Bindung von mitentscheidender Bedeutung. Die Frau wird sie prüfen und dann entscheiden, ob die Basis für ein harmonisches Zusammenleben breit genug ist. Denn jede Ehe, jede Partnerschaft Frau—Mann ist ein ständiger Harmonisierungsprozeß, der das Verständnis von beiden Seiten täglich neu herausfordert. Ganz besonders wichtig in diesem Zusammenhang ist, ob die beruflichen Interessen einander angeglichen werden können. Der Beruf und das damit verbundene Einkommen bilden ja mit eine Grundlage der Partnerschaft. Und wenn im letzten Absatz von der Möglichkeit der Frau, sich anzupassen, die Rede war, dann gilt dies ganz besonders hier, wo die materiellen Interessen mit den ideellen Interessen einer Bindung zusammentreffen und harmonieren müssen. Aber hier ist die Frau beweglich. Sofern sie mit dem Beruf des Mannes einverstanden ist und auch mit dem daraus resultierenden Einkommen, das spätestens bei der Erwartung der Kinder von Bedeutung wird, kann wenig geschehen. Ist aber ihr Einkommen mit wesentlicher Bestandteil der Ehe und kann die Ehe ohne dieses Einkommen nicht existieren, kann von einem Übereinstimmen der Interessen keine Rede sein. Jede Frau will Mutter sein, will einen Mann und eine Familie haben. Viele Frauen aber verzichten heute lieber auf die Mutterschaft, als auf das Automobil. Hier liegt ein psychologischer Knacks unserer Wohlstandsgesellschaft vor. Der Leistungszwang hat auch zum Wohlstandszwang geführt. Eine äußerst bedenkliche Situation für die Frau, denn sie wird hier vielfach gezwungen, ihrer natürlichen Aufgabe zu entsagen. Das aber muß schwere psychische Folgen haben. Darum sollte auch unter diesem Gesichtspunkt die gemeinsame Interessenlage genau geprüft werden. Die Entscheidung Auto oder Kind — die in Wirklichkeit keine ist — fällt leider in vielen Fällen zugunsten des Autos aus. Diese Ehen könnte man genauso gut in Firmen mit beschränkter Haftung umwandeln, sie haben zwar ein gemeinsames, ausschließlich materielles Interesse, müssen aber nicht unbedingt vom Standesbeamten beurkundet werden. Denn gerade weil sie nur einem bestimmten Gewinn- und Genußstreben unterliegen, sind sie weitaus mehr gefährdet, als jede normal begründete Ehe. Glücklicherweise weiß die Frau von heute sehr genau, was sie will, darum prüft sie auch genauer und läßt sich für ihre Entscheidungen mehr Zeit als zuvor. Gerade die Prüfung gemeinsamer Interessen aber geschieht in einem Zusammenleben ohne gesetzliche Bindung weitaus gründlicher, als nach vollzogener Trauung. In einer freien Bindung, in der jeder bei einem Scheitern seine Wege gehen kann, lassen sich die gegenseitigen Interessenssphären in relativ kurzer Zeit abstecken.

Wie hilfsbereit ist die Frau? Wie hilfsbereit ist der Mann? Die **gegenseitige Hilfe** ist eine andere wichtige Erwartung, die die Frau an den Mann stellt. Sie wird mehr als einmal im Laufe eines gemeinsamen Lebens notwendig sein und es ist gut, darauf vorbereitet und eingerichtet zu sein. Dies gilt für den Fall der Krankheit ebenso, wie in Fällen von geschäftlichen Schwierigkeiten, bei der Frage, ob einem Freunde oder Nachbar geholfen werden soll oder ob man in einem der vielen karitativen Verbände mitarbeiten soll. Von sich aus ist die Frau zu nahezu jeder Hilfe bereit, die im Bereich ihrer Möglichkeiten liegen. Sie wird den kranken Mann ebenso pflegen wie die kranken Kinder, sie wird mit der ihr gegebenen Geduld und Hingabe auch unangenehme Dinge in Kauf nehmen und weitaus realistischer an Hilfsaufgaben herangehen. Sie — die Frau — kann bis zur Selbstaufopferung die Pflege übernehmen, sie kann auf Äußerlichkeiten verzichten, wenn es dem anderen hilft. Der Mann ist hier in einer nahezu aussichtslos unterlegenen Position. Alles, was mit Krankheiten, Sorgen und Ärger zu tun hat, ist ihm im Grunde seiner Seele zuwider. Er weiß, daß diese Dinge auf ihn zukommen werden und entledigt sich ihrer zumeist durch den Abschluß entsprechender Versicherungen. Hilfsbereitschaft kennt er eigentlich nur gegenüber Freunden und Kollegen, wobei er Hilfsbereitschaft in den meisten Fällen mit der Hergabe bestimmter Dinge (zum Beispiel Hergabe von Darlehen), oder Eingreifen in Situationen (zum Beispiel Mithilfe beim Bau des Eigenheims) verwechselt. Der Mann ist nicht in der Lage und dazu geschaffen, stunden- oder gar tagelang am Krankenbett der Frau oder der Kinder zu sitzen, geschweige denn Verbände zu wechseln, entsprechende Kost zu bereiten oder bei menschlichen Bedürfnissen Hilfe zu leisten. Ganz ausdrücklich sollen hier die wenigen rühmlichen Ausnahmen gelobt werden, die es auch unter der Spezies Mann gibt. Die Frau aber erwartet Hilfe von ihrem Mann. Dabei erwartet sie diese Hilfe zumeist sogar weniger in Krankheitsfällen, als vielmehr in auftretenden, schwierigen seelischen Situationen, in Tagen der Depression und der Verzweiflung. Und da sieht sie sich meist verlassen, auf sich allein gestellt und ihrem eigenen Hilfsvermögen ausgeliefert. Dies kann zu schwerwiegenden Störungen der Partnerschaft führen. Die Tatsache, daß der Mann nicht helfen kann oder besser gesagt nicht weiß, wie er helfen kann, ist zum Verzweifeln. Oft würde ein zärtlicher Kuß, eine Umarmung, ein Streicheln über die Haare Wunder wirken. Der Mann kommt gar nicht auf die Idee. Hilflos und nicht hilfsbereit steht er einer solchen Situation gegenüber. Die Frau sollte daher in nüchterner Einschätzung der Gegebenheiten hier keine allzu großen Erwartungen an den Mann stellen und sich von vornherein darauf einrichten, sich selbst helfen zu müssen.

Wenn jemand Hilfe braucht, lebt man in den sogenannten schlechten Zeiten, die jede Ehe einmal durchmachen muß. Wie aber verhält sich der Mann in **guten Zeiten** und in **schlechten Zeiten?** Natürlich erwartet die Frau, daß das Verhalten des Mannes zu allen Zeiten gleichmäßig, der Gemeinschaft entsprechend, ausgerichtet ist. Gute Zeiten verleiten zu Übertreibungen, zu Mehrausgaben, zur Angabe. Der Mann ist eitel, er will zeigen was er kann, was er geschaffen hat, will stolz seinen Besitz präsentieren, in den er auch seine Familie einbezieht. Das Haus, das noch größere Auto, der Pelzmantel der Frau, der Brillant am kleinen Finger, der maßgeschneiderte Anzug — all das sind Plakate des Mannes für seinen Wohlstand, materielle Güter, die über Nacht ihren Wert verlieren können. Er erwartet von der Frau, daß sie mit ihm bereit ist, diesen Wohlstand zu präsentieren und zu repräsentieren. Natürlich ist er bereit, den Strahl seiner ‚guten Zeiten Sonne' auch auf die Frau wärmend scheinen zu lassen, er badet in Wohlgefühl und Übermut. Gute Zeiten sind oft schlechte Zeiten für die Frau und die Familie, denn ihm, dem scheinbar alles gelingt, ist es schwer, mit menschlichen Argumenten zu kommen, mit sachlichen Überlegungen über die Vorsorge, mit Hinweisen auf die Zukunft. Erst wenn die schlechten Zeiten dann wirklich eintreten, gleichgültig in welchen Faktoren sie ihren Grund haben (Arbeitslosigkeit, Krankheit, Tod), ändert sich die Situation grundlegend. Der Mann wird zum hilfsbedürftigen Subjekt, das bemüht ist, Fehler zu vermeiden, die schlechten Zeiten abzuwenden. Er wird wieder zum Menschen, mit dem man reden kann, der bereit ist, alles zu tun, um die Verhältnisse wieder zum Besseren zu wenden. Die schlechten Zeiten sind so gesehen für die Frau die guten Zeiten — ein Paradoxon scheinbar —, aber in diesen Zeiten hat sie in ihrem Mann einen verläßlichen Partner, einen guten Freund und treuen Helfer. Schlechte Zeiten — gemeinsam bestanden — binden Ehen enger aneinander, als jede wie auch immer geartete Wohlstandserscheinung. Schlechte Zeiten sind Zeiten der Bewährung, wo einer sich auf den anderen verlassen muß, wo es zusammenzuhalten und zu kämpfen gilt, sei es um die Gesundheit des Partners, des Kindes oder die wirtschaftlichen Verhältnisse. Schlechte Zeiten sind zudem gute Zeiten für die Besinnung auf den Sinn und den Bestand der Partnerschaft. So gesehen, sind sie ein Reinigungs- und Läuterungsprozeß, dessen Wert individuell verschieden, in jedem Falle aber positiv ist. Was also darf die Frau erwarten? Niemand wünscht ihr schlechte Zeiten, vielleicht aber wünscht sie sie sich eines Tages selbst, wenn sie erkennen muß, daß allzu gute Zeiten den Charakter des Mannes belasten können, ihn verändern, einen anderen Menschen aus ihm machen, als den, dem sie vertraut und dem sie sich gegeben hat. In jedem Falle sind beide Extreme — zu gute oder zu schlechte Zeiten — Abschnitte in der Dauer einer Partnerschaft, in denen sich Frau und Mann beweisen müssen, wie ernst sie es wirklich meinen, wie sie mit den Problemen fertig werden und wie sie gemeinsam (hoffentlich) oder oft auch getrennt daraus hervorgehen. Die Frau bringt für alle Zeiten, die sie sich an den Mann gebunden fühlt, die Bereitschaft mit zu erleben und zu erleiden. Sie hat mehr Stehvermögen als der Mann, mehr Geduld und Opferbereitschaft. Und sie wird weniger hochsteigen, um weniger tief aus Illusionen fallen zu müssen. Die Frau erwartet, daß der Mann sich zu jeder Zeit offen und rückhaltlos zu ihr bekennt, sie an seinen Problemen ebenso teilnehmen läßt, wie sie die ihren offen auf den Tisch des Hauses legen wird. Und Probleme werden reichlich in jeder Verbindung auftreten, ihre Lösung ist gemeinsame Sache. Die Frau von heute nimmt sich das Recht, über diese Probleme mit zu entscheiden und mitzubestimmen. Jede anders ausgelegte Gleichberechtigung wäre sinnlos und wird daher von der Frau abgelehnt. Bewußt wird hier sehr oft von Partnerschaft gesprochen, denn die heutige Ehe ist eine Partnerschaft auf Gegenseitigkeit. Ohne einen Austausch der Gedanken, der Meinungen und der Absichten ist eine solche Partnerschaft nicht möglich. Die Frau erwartet, daß sie über alles informiert und aufgeklärt wird. Nur dann kann sie helfen und nur dann kann sie eingreifen. Je größer also das gegenseitige Vertrauen, um so leichter werden Krisen gemeistert und bewältigt. Die Frau aber hat das Recht, ihren Partner vor einer endgültigen Verpflichtung zu prüfen, ob er auch in der Lage ist, in schlechten Zeiten ‚seinen Mann' zu stehen, daß er es in guten Zeiten tun wird, daran braucht sie nicht zu zweifeln.

Eine weitere wichtige Erwartung, die die Frau an den Mann stellt, ist, daß er ihr die **Teilnahme an allen Problemen** ermöglicht. Sie selbst weiß gut Bescheid über die Dinge, die sich im Familienbereich abspielen und soweit sie von Wichtigkeit sind, wird sie den Mann darüber informieren. Sie will aber auch die Probleme des Mannes außerhalb der Familie kennenlernen. Und hier legen viele Männer eine falsche Scham an den Tag. Männerprobleme sind zumeist Berufs- und Karriereprobleme. Nicht alle Laufbahnen verlaufen gleichmäßig ansteigend, nicht jede Erwartung im Beruf wird erfüllt, kaum eine geschäftliche Transaktion verläuft reibungslos. Das liegt in der Natur der Sache und in der Geschicklichkeit des Mannes begründet. Hat der Mann Erfolg, ist er befördert worden, kehrt er stolz ins gemeinsame Heim zurück, will anerkannt und gelobt werden. Ist aber das Gegenteil der Fall, ist eine männliche Erwartung enttäuscht worden, eine Rüge erteilt oder gar ein schwerwiegender beruflicher Fehler unterlaufen, versucht der Mann, diese Tatsache zu vertuschen. Nicht zuletzt dieses Verschweigen von Problemen, das „in sich hineinfressen“, ist der Grund für viele Magengeschwüre, denen der Mann klassischerweise ausgesetzt ist. Hier bringt die offene Aussprache, die Möglichkeit, sich der Frau anzuvertrauen, die Tatsache mit der Frau ohne Scham auch über Rückschläge sprechen zu können, den Ausweg. Die Frau ist ein viel besserer „Beichtvater“, als viele Männer sich vorstellen können. Die Tatsache, daß eine Frau praktischer denkt und auch in der Lage ist, nicht nur Trost zu spenden, sondern in vielen Fällen auch Lösungen zur Hand hat, werden für den Mann in der Zukunft unerläßliche Lebenshilfe sein. Das Selbstbewußtsein der Frau von heute ist weitaus stärker ausgeprägt als das des Mannes. Die Frau ist unabhängiger in ihrem Denken und lange nicht so bereit, ihre Gedanken uniformieren zu lassen. Der Mann hat den Untertanengeist eingeführt, nur er ist in der Masse in Uniformen vorstellbar, er kuscht vor dem Vorgesetzten leichter als die Frau, er ist bereit Befehle — seien sie auch noch so unsinnig — entgegenzunehmen und auszuführen. Der Mann ist der wirkliche Untertan. Die Frau hat einen selbständigen Geist, ihr Verstand arbeitet gründlicher und pragmatischer, sie läßt sich von „schwerwiegenden“ Problemen nicht unterkriegen. Im Gegenteil, Probleme sind für sie da, um gelöst zu werden. Niemals kann die Frau unsinnige Befehle in die Tat umsetzen, immer wird sie Anordnungen zuerst auf ihren Sinn überprüfen, bevor sie sie ausführt. Ein für den Mann revolutionäres Denken. Und der Mann weiß das, darum verschweigt er Probleme, versucht sie allein zu lösen und ist in nicht wenigen Fällen gewillt, sich lieber zu erniedrigen, als der Frau gegenüber offen Farbe zu bekennen. Diese Haltung des Mannes hat schon viel Unglück über die Welt gebracht und es ist typisch für die Frau, daß sie diese Tatsache erkannt hat. Und sie hat ihre Schlußfolgerungen daraus gezogen. Sie verlangt heute die volle Aufklärung über alle Probleme, die den Mann beschäftigen, mögen sie im beruflichen, geistigen oder sexuellen Bereich liegen. Wird ihr dieses Recht verweigert, wird sie es sich durch umfassendere Information suchen. Einmal aber beim Verschweigen eines Problems überführt, kann die direkte Art der Frau, sich hier „einzumischen", ebenfalls schwerwiegende Folgen haben. Der Mann — in seinem Stolz gekränkt — zieht sich in sich selbst zurück, entschlossen, jetzt überhaupt nur noch allein entscheiden zu wollen. Diese Situation vergiftet die gemeinsame Atmosphäre und damit das Familienleben. Der Mann ist gut beraten, der seine Frau an allen Problemen teilhaben läßt, sie mit ihr bespricht und versucht, sie mit der Frau gemeinsam zu lösen. Er wird sich nicht nur körperliche Schwierigkeiten ersparen, sondern feststellen, daß durch den Abwurf von seelischem Ballast seine Gesamtverfassung und seine Kondition wesentlich positiv gesteigert wird. Es mag für den Mann schwer sein, sich von der von ihm aufgestellten Norm „Lange Haare — kurzer Verstand" zu trennen, zu lieb ist ihm dieses dumme Schlagwort geworden. Aber die Zukunft wird ihn lehren, daß er nicht mehr allein der „Herrscher aller Reußen" ist, daß die Frau sich mehr und mehr auch für seinen außerfamiliären Lebensbereich interessiert und in diesen eingreifen will und wird. Die Geschichte beweist, daß die meisten großen Männer von ihren klugen Frauen zu dem gemacht wurden, was sie dann darstellten. Die Frau von heute ist aus dem Schatten des Mannes herausgetreten, sie will nicht nur ganz teilhaben am Leben des Mannes, sondern ist jetzt auch bereit, ihre eigene Leistung zu zeigen und sie entsprechend würdigen zu lassen. Dies ist kein Konkurrenzdenken, aber es ist das selbsterkämpfte Recht, ebenso wie der Mann am aktiven Leben teilzuhaben, Probleme zu erkennen und zu lösen und dafür auch die ihr zustehende Anerkennung entgegenzunehmen. Darum erwartet die Frau — und hier insbesondere die Hausfrau —, daß sie von ihrem Mann in alle Probleme eingeweiht, daran teilnehmen und an ihrer Lösung mitarbeiten kann.

Dies verlangt die völlige **Integration** des Lebens des Mannes in das der Frau und umgekehrt. Die Frau der Zukunft räumt dem Mann keine Sonderrechte mehr ein, gleichberechtigt steht sie neben ihm im Leben und in der Familie. Viele liebgewordene Angewohnheiten wird der Mann über Bord werfen müssen, wenn er mit der Frau von heute eine wirklich glückliche und harmonische Partnerschaft herbeiführen will. Die Frau will weder das Dienstmädchen des Mannes, noch will sie eine Superfrau sein. Sie will als völlig normales Wesen gesehen werden, mit den gleichen Pflichten, aber auch mit den gleichen Rechten des Mannes. Diese Erwartung zu erfüllen, fällt noch vielen Männern schwer. Sie werden mit diesem

Standpunkt ein bitteres Erwachen erleben und dies wird nicht lange auf sich warten lassen. Die völlige Integration aller Gedanken ineinander, die totale Einbeziehung der Frau in den Lebenskreis des Mannes, das Ineinanderaufgehen von Frau und Mann ist nicht nur eine lebenswichtige Erwartung, sondern eine zwingend notwendige Forderung der Frau.

Dazu gehört auch eine gegenseitige vertrauensvolle **Unabhängigkeit**, die die Frau dem Mann gewährt und die sie mit Fug und Recht auch von ihm erwartet. Die Frau ist kein Kleinkind, das dauernd gegängelt werden will und über jeden ihrer Schritte genaue Auskunft erteilen muß. Keine Verbindung wird dauerhaft sein, wo möglicherweise das Mißtrauen eines Partners über nicht „abgerechnete" Zeit die Gemeinschaft vergiftet. Beide — Mann und Frau — brauchen einen Lebensraum, der nur ihnen selbst vorbehalten ist und über den sie keine Rechenschaft ablegen müssen. Dies sind die schöpferischen, notwendigen Pausen, die jede Verbindung braucht, um sich in diesem Raum immer wieder selbst zu regenerieren. Je größer die freiwillig gewährte Unabhängigkeit, je weniger Kontrolle ausgeübt wird, um so größer und beständiger wird das Vertrauen sein, das die Basis für die Partnerschaft bildet. Die Frau von heute weiß sehr wohl, daß diese gegenseitige Unabhängigkeit den Sauerstoff der Ehe darstellt und ohne Sauerstoff kann kein irdisches Wesen leben. Schon die berufliche und damit gegebene finanzielle Unabhängigkeit hat sich die Frau nicht erworben, um sich dafür einen goldenen Käfig zu kaufen, in den sie sich selbst gefangen setzt. Sie will sich diese

Unabhängigkeit im gegenseitigen Interesse erhalten, schon um den Mann zu entlasten, ihm Sorgen abzunehmen, aber auch, um eigenen Interessen und Vorstellungen vom Leben folgen zu können. Auf jede Überwachung reagiert die Frau von heute „sauer“ und wird sie als Einbruch in ihren ganz privaten Lebensbereich verurteilen. Sie ist selbst Frau genug, um eine solch freiwillig gewährte Unabhängigkeit nicht zu mißbrauchen. Der Mann wird sich also daran gewöhnen müssen, eigene Wünsche der Frau zu dulden, sie zu akzeptieren und sie zu respektieren.

Dies sind also eine Fülle von Erwartungen, die die Frau an ihren Partner stellt. Der besseren Übersicht wegen sollen sie hier noch einmal kurz zusammengefaßt werden. Für eine dauerhafte Partnerschaft erwartet die Frau also

1. Liebe in allen ihren Ausdrucksformen,
2. Absolute Solidität der gegenseitigen Bindung,
3. Gegenseitiges Vertrauen,
4. Klare Vorstellungen vom Leben,
5. Völlige sexuelle Befriedigung,
6. Nüchternheit in der Betrachtung der Dinge,
7. Freie Berufswahl,
8. Wahrheit — Ehrlichkeit und Offenheit,
9. Anerkennung ihres Selbstbewußtseins,
10. Gegenseitige Anpassung — nicht Unterwerfung,
11. Gemeinsame Interessen,
12. Gegenseitige Hilfe,
13. Die Bewältigung guter und schlechter Zeiten,
14. Die Teilnahme an allen Problemen,
15. Die völlige gegenseitige Integration,
16. Eine vertrauensvolle Unabhängigkeit.

Kaum ein Mann wird in der Lage sein, dieses „Erwartungspaket“ mitzubringen und es zu erfüllen. Zu verschieden ist die Auffassung des Mannes über die Rolle der Frau im Leben noch, als daß er den für seine Verhältnisse und Vorstellungen viel zu schnell gegangenen Entwicklungsprozeß der Frau begreifen könnte. Zu schwer trennt sich der Mann von vorgefaßten Meinungen, die ihm von Kirche und Gesellschaft allzulange als sein Recht bestätigt wurden.

Dies ist die Situation, mit der die Frau noch zu kämpfen hat. Nicht das ihr tatsächlich zugesprochene Recht auf Gleichberechtigung ist die Schwierigkeit, sondern die Tatsache, daß dieses Recht erst ins Bewußtsein und Denken des Mannes übertragen werden muß. Daraus resultiert auch die immens gestiegene Zahl der Scheidungen vorwiegend jung geschlossener Ehen und daher das Recht der Frau auf zwei Männer. Es ist nicht einzusehen, warum eine Frau, die mit sechsundzwanzig geschieden wird, ihre Zukunft in nonnenhafter Abgeschiedenheit verbringen soll.

Die Fallstudien haben deutlich gezeigt, daß es immer schicksalsbedingte Gründe waren, die eine Frau sich einem zweiten Mann zuwenden ließ. Die veränderte gesellschaftliche Stellung, aber auch viel „unsinnige“ Aufklärung haben dabei auch die Frau verunsichert, haben zu Extremen geführt, die die Frau in Wirklichkeit nicht wünscht. Die normal veranlagte Frau von heute braucht nicht zwei Männer zu gleicher Zeit, aber sie will das Recht haben, sich einen zweiten Mann zu nehmen, wenn der erste sich als Niete und Versager für eine eheliche oder sonstwie geartete Partnerschaft erwiesen hat.

10 Grundsätze für die Wahl des zweiten Mannes

Niemand kann einer Frau vorschreiben, wie der Mann beschaffen sein soll, der als „der zweite Mann" ihr Leben mit ihr teilen soll. Die Erwartungen der Frau von heute sind deutlich und ausführlich geschildert worden. Jetzt soll versucht werden, Grundsätze der Frau zusammenzufassen, die für sie bei der Wahl des zweiten Mannes von Bedeutung sein können.

1. **Du hast Recht!**
   Die Frau hat ein absolutes und unbestrittenes Recht auf den zweiten Mann. Der Gesetzgeber hat dieser Tatsache Rechnung getragen. In vielen Ländern ist dies auch keine Frage mehr, die Reform des Eherechtes in Deutschland wird auch hier der Frau dieses Recht uneingeschränkt zugestehen.

2. **Nimm Dir den richtigen zweiten Mann!**
   Einmal schon ist eine Verbindung gescheitert und hat Leid und Schmerzen mit sich gebracht, in vielen Fällen auch finanzielle Einbußen. Aber die Trennung hat auch Erfahrung und Weisheit mit sich gebracht. Drum prüfe den zweiten Mann gründlicher und genauer als den ersten. Prüfe Deine Erwartungen und die Erwartung des erwählten Partners sorgfältig. Erst wenn diese Prüfung — und sie

darf ruhig Zeit in Anspruch nehmen — in Deinem Sinne positiv bestanden wurde, dann sage „Ja" zum zweiten Mann.

3 Führe keine Ehe zu Dritt!

Deine Gefühle mögen zwischen zwei Männern geteilt sein, aber eine Ehe zu dritt muß immer unglücklich enden. Nur wenige Frauen sind polyandrös veranlagt, neigen also zur Vielmännerei. Du selbst mußt Dich entscheiden und wenn Du zu keiner Lösung kommst, trenne Dich von beiden. Noch laufen genügend Männer herum, die bereit sind, einer guten Frau die Hand zu reichen.

4. Bestehe auf Deiner Gleichberechtigung!

Die meisten Ehen sind daran gescheitert, daß ein Teil versucht hat, den anderen Teil zu unterdrücken. Die Industriegesellschaft stellt so hohe Anforderungen an die Frau, daß sie damit nur fertigwerden kann, wenn sie gleichberechtigt an der Seite des Mannes mitentscheiden und mitbestimmen kann. Du wirst nur glücklich werden, wenn der Mann diese Gleichberechtigung akzeptiert.

5. Überwinde Deine Hemmungen!

Die Kommunikation zwischen den Partnern ist von ausschlaggebender Bedeutung für eine dauernde Verbindung. Dazu gehört, daß man auch unangenehme Dinge oder besondere Wünsche miteinander im Gespräch austauscht. Darum überwinde Deine Hemmungen, sage ungeniert, was Dir mißfällt oder was Du erwartest. Falsche Scham oder Rücksichtnahme ist nicht am Platze.

6. **Erhalte Dein Selbstbewußtsein!**
Du hast Dir eine Position im Leben erobert, Du gestaltest dieses Leben mit, daraus und aus den Dir zustehenden Rechten ist Dein Selbstbewußtsein gewachsen. Du hast es gegen alle Umwelteinflüsse verteidigt, behaupte es jetzt auch gegenüber dem zweiten Mann.

7. **Verteidige Deine Würde!**
Schon der erste und wichtigste Artikel des Grundgesetzes sagt: „Die Würde des Menschen ist unantastbar." Du hast mehr Würde als der Mann, laß Dir diese Würde nicht nehmen. Kläre vor einer Verbindung, ob dieses Grundrecht gesichert ist und nicht in Gefahr geraten kann. Der zweite Mann muß Deine Würde achten, respektieren und erhalten.

8. **Hüte Dich vor Abenteurern!**
Sie wollen alle dasselbe, das heißt, sie wollen mit Dir ins Bett gehen und suchen ausschließlich ihr Vergnügen. Haben sie es gehabt, verschwinden sie so schnell, wie sie gekommen sind. Ein Abenteurer eignet sich nicht für die Liebe und kommt als zweiter Mann nicht in Frage.

9. **Gebe Dich Deinen Neigungen hin!**
Achte darauf, daß auch in der Verbindung mit dem zweiten Mann Deine Neigungen respektiert werden und gebe Dich ihnen ganz hin. Überwinde die Hemmschwellen auch in sexueller Hinsicht, Dein Glück wird davon abhängen.

10. **Hüte Dich vor Revanche-Gedanken!**
Lasse den zweiten Mann nicht büßen, was Dir der erste Mann angetan hat, Du willst Dir ein neues, schöneres und besseres Leben aufbauen, in einem solchen Leben haben Revanche-Gedanken keinen Raum.

Die geschilderten Situationen, die Erwartungen, historische, juristische und psychologische Gründe, der Versuch einer allgemein verständlichen philosophischen Deutung, all dies befreit die Frau nicht von der eigenen Entscheidung. Das Leben ist vielfältig, die Menschen auf den Kontinenten sind verschieden, die Lebensformen unterscheiden sich von Breitegrad zu Breitegrad.

Die moderne, emanzipierte Frau in der Industriegesellschaft hat sich in allen Ländern ihre Position im Leben erobert und gesichert. Sie ist deswegen nicht weniger Frau, als sie es in den Generationen vor ihr war. Und doch sind wesentliche Veränderungen eingetreten. Mit ihnen fertig zu werden, die erreichten Ziele zu sichern und auch in das Bewußtsein des Mannes als Selbstverständlichkeit zu übertragen, das ist das Ziel, das jede Frau für sich allein mit ihrem Partner zu bewältigen hat.

Schon ihre Kinder werden es leichter haben, werden mit der Selbstverständlichkeit der Gleichberechtigung der Frau aufwachsen. Der Fortschritt ist unaufhaltsam und doch wird er der Frau das lassen, was sie seit Beginn der Menschheit ist: Die Empfängerin und Trägerin des Lebens, ohne das unsere Welt unvorstellbar und nicht möglich ist. Und auch in dieser Position wird die Frau ihre Natürlichkeit und angeborene Bescheidenheit, ihren Charme und ihr großes Verständnis für alle menschlichen Dinge nicht verlieren. Darum liebt der Mann die Frau und darauf kann die Frau stolz sein.

Nachwort

Das Recht der Frau auf zwei Männer ist ein legales Anliegen. Zu schnellebig ist unsere Zeit geworden, zu oberflächlich werden oft und in zu jungen Jahren eheliche Verbindungen geschlossen, als daß in leider zu vielen Fällen diese Partnerschaften Bestand haben könnten.
Die hohe und immer mehr ansteigende Zahl an Scheidungen bringt vor allem die Frau in erhebliche Schwierigkeiten. Sie hat es schwerer als der Mann, sich nach einer Scheidung wieder zurecht zu finden, zumal wenn sie vorher ‚nur' Hausfrau war.
Wer aber sollte der Frau, die das Zusammenleben mit einem Mann aus vielerlei Gründen schätzt, das Recht absprechen, sich einen zweiten Mann zu suchen? Kein vernünftiger Mensch und auch nicht der Mann wird das tun.
Viele Leser werden sich fragen, warum gerade ein Mann sich zum Fürsprecher dieser weiblichen Anliegen macht. Nun, ich bin Schriftsteller und reflektiere als solcher Situationen. Dabei haben mich immer die Gruppen fasziniert, deren Recht ich für unterdrückt oder für nicht genügend artikuliert hielt. Ich habe mich immer mit Verbrechen und Verbrechern da beschäftigt, wo ich ein Versagen der Justiz befürchtete, so in den Fällen der Maria Rohrbach, des Zahnarztes Doktor Müller, des Krebsarztes Dr. Issels oder im Falle der Vera Brühne. Mein

Leben lang haben mich menschliche Schicksale dann interessiert, wenn die davon Betroffenen in das Räder- und leider oft auch in das auf Macht ausgerichtete Intrigenwerk der Politik verstrickt wurden, sei es nun der Feldmarschall Rommel gewesen, der Mord an Robert Kennedy oder Prag am 21. August 1969, als russische Panzer die kaum sprießenden Setzlinge eines kurzen demokratischen Frühlings brutal niederwalzten. Immer habe ich versucht, menschliche Unzulänglichkeiten aufzuspüren und so zu schildern, daß meine Leser davon für sich selbst einen Gewinn ziehen konnten. Ob es nun die desillusionierende Reportage ‚Die Kehrseite der Medaille‘ war, wo völlig überflüssiger Gigantismus gepaart mit menschlicher Unfähigkeit 1960 die ‚größte Olympiade aller Zeiten‘ auf die Beine zu stellen versuchte, oder wenn ich in „Ungeschminkt und unzensiert, die Geschichte des Millionenfilms Menschen im Hotel“ einfach nur Arroganz und Eitelkeit, Überheblichkeit und Dummheit an den Pranger stellte, andererseits den Freund und Regisseur Gottfried Reinhardt (den Sohn von Max Reinhardt) bewunderte, mit welch souveräner Gelassenheit er solche menschlichen Schwächen meisterte. Immer aber habe ich mich mit Entschiedenheit für eine Reform unseres Bürgerlichen Gesetzbuches eingesetzt.

So konnte es nicht ausbleiben, daß ich mich ganz besonders mit den Rechten der Frau befassen *mußte,* die durch das noch geltende Recht dem Manne gegenüber unterprivilegiert ist.

Es ist unbestritten, daß ich ein glühender Verehrer des weiblichen Geschlechtes bin und die Begabung schneller

Kommunikation mit in mein Leben bekommen habe. Da ich zudem verschwiegen bin und dieses Recht auch für meine Informanten wahrnehme, konnte ich viel eigene Erfahrung über die Rolle der Frau in unserem Gesellschaftssystem und gegenüber dem Manne sammeln. Ein Buch ist nicht der Platz für Tagesaktualitäten, sondern soll die Vielfalt der Ereignisse sammeln, komprimieren, analysieren und in verständlicher Form wiedergeben. Jeder Leser hat ein Recht darauf, daraus ein Stück Erfahrung, Wissen und Weisheit für sich selbst zu gewinnen. So habe ich mich mit der Stellung der Frau in rechtlicher und politischer Hinsicht seit 1966 ernsthaft befaßt.

Zu dieser Zeit begann sich die Politik ernsthaft mit einer Reform des Scheidungsrechtes zu beschäftigen, das der Frau bis heute fast ausschließlich Nachteile, dem Mann nur Vorteile bringt. Überrascht mußte ich feststellen, daß andererseits viele Männer ihre oft großen Karrieren nur dem freiwilligen Zurücktreten ihrer Frauen in den Hintergrund verdankten. So schrieb ich das Buch „Frauen im Schatten“, in dem ich das Schicksal der Frauen nachzeichnete, die wesentlichen Anteil am Erfolg ihrer Männer hatten. Rund dreißig Schicksale waren es, die ihren Niederschlag fanden, u. a. die Geschichten der Frauen von Albert Schweitzer, dem Urwaldarzt von Lambarene, des französischen Staatspräsidenten Charles de Gaulle, des Jazztrompeters Louis Armstrong ebenso, wie die Geschichte der Schwester Maria Pasqualina, die Papst Pius dem XII. bis zu seinem Tode nicht nur geduldig den Haushalt führte, sondern ihm in vielen Fällen eine erwünschte und hilfsbereite Ratgeberin war.

Es folgte dann die Zeit, in der die Frauen begannen, aus dem Schatten der männlichen Herrlichkeit hervorzutreten und sich selbst zu profilieren. Ob es nun Evita Peron oder Jaqueline Kennedy waren, ob Sofia Loren oder die unglückliche Marilyn Monroe, ob Golda Meir oder Indira Ghandi — immer waren es Frauen, die über wirtschaftliche Unabhängigkeit oder außergewöhnliches politisches Denken verfügten.

Erst die letzten zehn Jahre haben auf dem Wege der Befreiung der Frau schnellere, für alle Frauen gültige, Fortschritte gebracht. Einflußreiche und vernünftige Männer haben dies akzeptiert und die Gleichberechtigung der Frau anerkannt.

Deutlich erinnere ich mich noch an das Jahr 1948, als der nordwürttemberg/nordbadische Landtag im ehemaligen Metropol-Varieté-Theater in der Stuttgarter Heusteigstraße gerade seine Arbeit wieder aufgenommen hatte und Kurt Schumacher — schwer blessiert und dem Verfall anheimgegeben — zur Wiederherstellung und Wiederbelebung der Demokratie in Deutschland aufrief. Nach dem Ende der Sitzung kam er, auf eine junge zarte Frau gestützt, die Steinstufen des Landtags herunter. Es war Annemarie Renger, auf die er sich stützte und sie ist heute Präsidentin des Deutschen Bundestages. Ich meine, daß es gut ist, eine Frau als Präsidentin des Deutschen Bundestages zu haben, die von frühester Jugend an in der Politik gelebt und darin aufgewachsen ist. Ihre manchmal allzu menschlichen temperamentvollen Ausbrüche beweisen, daß sie sich nicht kritiklos in die strenge Disziplin einer Fraktion oder einer Partei hineinzwängen läßt. Wenn sie sich für Fehler entschuldigt, so spricht das für ihre menschliche Größe und ihr noch größeres Verständnis dafür, daß es sich nicht lohnt, aus einer sprachlichen Mücke einen politischen Elefanten aufzublasen. Männer neigen ‚aus Prinzip' weit eher dazu. Annemarie Renger hat — gemessen an anderen Frauen — auf vieles Schöne verzichten müssen. Sie mag repräsentativ für die Tatsache stehen, daß so wenige Frauen sich aktiv politisch engagieren. Erst vor kurzem hat der Bundesvorstand der Arbeitsgemeinschaft Sozialdemokratischer Frauen nüchtern festgestellt: „Die SPD wird von Männern repräsentiert." Daß ausgerechnet diese Partei so wenig Frauen zu aktiver Mitarbeit bewegen kann, ist schon deshalb um so verwunderlicher, als es die SPD war, die für die Frauen das Wahlrecht erstritten hat.

Im Deutschen Bundestag mit seinen 421 Abgeordneten stellt die SPD ganze dreizehn weibliche Abgeordnete, die CDU/CSU-Fraktion sechzehn Frauen. Zusammen sind das 29 Frauen, die in der Legislative mit über unser aller Schicksal entscheiden. Eine dieser Frauen ist meine Schwester, eine 53jährige Witwe mit fünf Kindern. Sie hat ihren Einsatz mit schweren gesundheitlichen Schäden bezahlt.

Diese Zahlen könnten zu dem Trugschluß verleiten, daß die Frau an der Politik — die sie in Wirklichkeit tagtäglich macht — tatsächlich nicht interessiert ist. Das ist nicht der Fall. Die Frau erstreitet sich nur nicht Ämter und Pöstchen in langen endlosen Debatten und in verräucherten Wirtschaften, wo gemeinhin die ‚Basisarbeit' geleistet wird. Die Frau sucht und hat schon andere Mittel gefunden, ihre Ziele auch politisch durchzusetzen. Und es darf erwartet werden, daß sie mit Phantasie und Ausdauer ihre Vertreterinnen in würdiger Form den gesetzgebenden Körperschaften zuführt. Auch die Form der Aufstellung und Wahl von Kandidaten ist reformbedürftig und müssen dem unheilvollen Einfluß von Manipulation, Rankünе und Intrige entzogen werden. In dieser Frage rechne ich mit dem Einfluß der Frauen.

Wie sehr aber auch die Männer in der Politik die Frau nicht mehr missen mögen, beweisen die Bilder von Vereidigungen amerikanischer Präsidenten. An diesem Zeremoniell hat die Frau des jeweiligen Präsidenten nicht nur das Recht, sondern die Pflicht, teilzunehmen. Mit Sicherheit hat sich das amerikanische Volk hierbei eine ganze Menge gedacht, vielleicht soll so der Präsident auch in seinem ganz privaten häuslichen Bereich immer an die Pflichten der Nation gegenüber erinnert werden.

In Kreisen der Industrie, des Handels, der Wirtschaft und der Banken gilt es immer noch als opportun, daß Sitzungen und Konferenzen ohne Frauen stattfinden. Erst seit etwa zehn Jahren beginnt man hier einzusehen, daß man viel Zündstoff aus den Familien herausnehmen kann, wenn man der Frau gestattet, ihren Mann zu solchen Konferenzen zu begleiten. Eine Entwicklung, die schon deswegen begrüßenswert ist, weil die Frau sich bei solchen Gelegenheiten nicht nur von der Streßsituation ihres Mannes überzeugen kann, sondern möglicherweise der einzige Mensch ist, mit dem er die anstehenden Probleme offen diskutieren kann.

Bald wird die Frau, auch vor dem Gesetz gleichberechtigt,

in allen Fällen an der Seite des Mannes stehen. Noch aber ist fraglich, ob sie dieses Recht auch wirklich artikulieren und praktizieren kann. Zulange war die Frau benachteiligt und unterdrückt. Dieses Buch soll nicht mehr, als der Frau ihre Rechte zeigen. Was jede einzelne Frau in ihrem ganz persönlichen Bereich daraus für Lehren zieht, wird von ihrem individuellen Standpunkt, ihrer Geisteshaltung und ihrem Charakter abhängen. Ich will damit keinen neuen Krieg der Geschlechter mit umgekehrtem Vorzeichen provozieren, sondern hinweisen und aufklären. Frauen sind bessere Diplomaten und deshalb werden sie ihre Rechte gütiger und menschlicher zu nutzen wissen. Dafür sei ihnen hier gedankt.

ERSCHIENEN BEI R. S. SCHULZ

Luise Rinser
Wie, wenn wir ärmer würden
DM 16,80

Luise Rinser
Hochzeit der Widersprüche
DM 21,–

Johannes Rüber
Wer zählt die Tage
DM 19,80

Karlfriedrich Scherer
Essen + Trinken 250,– DM für eine Familie monatlich mit einem Kind
DM 9,80

Rolf S. Schulz
Die soziale und rechtliche Verpflichtung des Verlegers
DM 7,80

Hannelore Schütz
Ursula v. Kardorff
Die dressierte Frau
DM 14,80

Monika Sperr
Die dressierten Eltern
DM 16,80

Helene Thimig-Reinhardt
Wie Max Reinhardt lebte
DM 26,–

Luise Ullrich
Komm auf die Schaukel Luise
Balance eines Lebens
DM 25,–